Christoph Janacs Ludwig Laher Gerhard Ruiss

O du mein Österreich

(K)eine Lobeshymne

Christoph Janacs
Ludwig Laher
Gerhard Ruiss

O DU MEIN ÖSTERREICH

(K)EINE LOBESHYMNE

VERLAG ANTON PUSTET

Inhalt

Die Beiträge wurden von den Herausgebern sowie weiteren Autorinnen und Autoren verfasst. Ihre Namen werden beim jeweiligen Text genannt.

Vorwort der Herausgeber

Hymnen sind keine sakrosankte Offenbarung, sondern verdanken sich vielmehr politischen Überlegungen in bestimmten historischen Kontexten. Wenn Staats- und Landessymbole wie die Hymnen tatsächlich für eine gemeinsame Wertewelt stehen und zur Identifikation einladen sollen, kann nicht darauf verzichtet werden, die Hintergründe ihrer Entstehung und die Biographien ihrer Schöpferinnen und Schöpfer näher zu betrachten.

Dieser Aufgabe stellt sich das vorliegende Buch. Und es untersucht, warum es dermaßen viel Widerstand gegen mögliche Konsequenzen gibt, die ein genauer Blick nahelegt. Um einem aktuellen gesellschaftlichen Anliegen zu entsprechen, hat das Parlament eine von der Regierung initiierte Bearbeitung der österreichischen Bundeshymne abgesegnet. Damit ist auch hierzulande bewiesen worden, dass Hymnen nicht in Stein gemeißelt sind.

Schon gar nicht in Stein gemeißelt sind offizielle Erläuterungen zu problematischen Urheberinnen und Urhebern. Die fehlten lange Zeit ganz, fallen trotz wohlbegründeten, von zivilgesellschaftlichen Einrichtungen unterstützten Expertenforderungen vielfach immer noch dürftig aus, manchmal regelrecht verschleiernd, lösen jedenfalls nicht ein, was in Sonntagsreden so oft beschworen wird: aktives, mutiges Eintreten für eine demokratische Gesinnung, für Menschenrechte und gegen Rassismen aller Art. Denn allzu viele jener Persönlichkeiten, die Hymnenmelodien oder -texte schufen, vertraten offensiv ein inhumanes Weltbild, das heute Strafverfolgung nach sich zöge.

Seit etlichen Jahren schon gibt es in Österreich einmal in diesem Bundesland, einmal in jenem intensive Hymnendebatten. Die zur Bundeshymne entfaltete sogar eine ungeheure Breitenwirkung. Meist überwiegen dabei die Emotionen. Lassen wir lieber die Fakten sprechen.

Christoph Janacs

Schön bist du, groß und strahlend

Zu Geschichte und Bedeutung der Hymnen

Wenn bei Sportveranstaltungen die Nationalhymnen gespielt werden, steht man dazu üblicherweise auf und singt sie, bisweilen die rechte Hand aufs Herz gelegt; die einen tun dies mit Inbrunst, andere zögerlich, mit vagen Mundbewegungen, und einige bleiben einfach stumm – weil sie des zu singenden Textes nicht sicher sind oder aus politischen Gründen, um ihrem Protest Ausdruck zu verleihen. Nur bei wenigen Ländern stehen alle still und lauschen der instrumental abgespielten Hymne: Eines davon ist Spanien, ein Land, geprägt von einem ultrakonservativen Katholizismus (immerhin stammen die Gründer der Societas Jesu und des Opus Dei von dort) und dem Franco-Regime, das über Jahrzehnte den Anschluss an Europa und die Moderne verhinderte, dessen Regionen, die zum Teil starke Abspaltungstendenzen aufweisen (wie Katalonien und das Baskenland), sich auf keinen gemeinsamen Text einigen konnten. Was die Menschen bis heute des Absingens dümmlicher oder martialischer, in den meisten Fällen austauschbarer und unzeitgemäßer Texte enthebt und den Bürgerinnen und Bürgern aller anderer Staaten zu wünschen wäre.

Womit wir bei Geschichte und Aufgabe der literarisch-musikalischen Gattung der Hymne angelangt wären. Der

Begriff »Hymne« leitet sich vom griechischen Nomen ὕμνος (hymnos) ab, was sich mit »Tongefüge« übersetzen lässt, und bezeichnete ursprünglich einen feierlichen Lob- oder Preisgesang, meist auf Götter oder Helden bezogen, bisweilen auch auf die Natur, nie aber auf ein Land oder eine Nation, da es diese in der antiken Vorstellungswelt noch nicht gab. Über die Melodien lässt sich nicht einmal mutmaßen, da es keinerlei Notenschrift gab. Die Begleitung erfolgte gemäß bildhafter Darstellungen durch Schlaginstrumente und die Kithara oder ähnliches Instrumentarium.

Das Gleiche gilt für die ungleich älteren Hymnen des Alten Ägypten. Pyramidentexte bereits aus dem 24. vorchristlichen Jahrhundert bezeugen deren Existenz und kultischen Gebrauch. Das wohl berühmteste Beispiel hiefür ist der *Sonnengesang des Echnaton* (um 1351–1334 v. Chr.):[1]

Schön erscheinst du im Horizonte des Himmels,
du lebendige Sonne, die das Leben bestimmt!
Du bist aufgegangen im Osthorizont
und hast jedes Land mit deiner Schönheit erfüllt.
Schön bist du, groß und strahlend, hoch über allem Land.
Deine Strahlen umfassen die Länder
bis ans Ende von allem, was du geschaffen hast.
Du bist Re, wenn du ihre Grenzen erreichst
und sie niederbeugst für deinen geliebten Sohn.
Fern bist du, doch deine Strahlen sind auf Erden;
du bist in ihrem Angesicht, doch unerforschlich ist dein Lauf.

Auffällig ist die Ähnlichkeit zu Psalm 104, 27-28 und Psalm 145, 15-16 im Alten Testament, was aber nicht verwundert, waren doch der Echnaton-Hymnus im gesamten kleinasiatischen Raum bekannt und die Sonne überall Symbol für Leben – und Macht. Ebenso groß, wenn nicht gar größer, ist die Ähnlichkeit zum 1224/25 in einem umbrischen Dialekt verfassten *Sonnengesang* des Franz von Assisi, der sich unübersehbar an antike und biblische Vorbilder anlehnte.

Formal waren die Hymnen der Antike ursprünglich offen, was Aufbau und Länge betrifft, und folgten erst mit der Zeit genaueren Vorgaben (daktylischer Hexameter, Strophenform, …), welche dann von christlichen Dichtern übernommen wurden, die gemäß ihres Glaubens mit Lobgesängen auf Götter und Helden aufräumten und nur noch den Einen Gott und seine Schöpfung sowie Heilige und Märtyrer als Objekte des Lobes und Preises kannten. Anfänglich auf Latein verfasst, wurden die christlichen Hymnen ab dem 10. Jahrhundert nach und nach auch in den Landessprachen geschrieben, wobei Reim und Rhythmus als Kriterien hinzukamen.

Mit dem Humanismus, der Renaissance und v. a. dann im Barock wurde der Hymnus auch auf weltliche Themen ausgeweitet, angefangen von Naturphänomenen bis hin zu speziellen Anlässen wie Kaiser- und Königskrönungen, wobei religiöse Themen weiterhin vorherrschend blieben; dafür traten z. T. äußerst rigide formale und sprachliche Regeln hinzu.[2] Dies änderte sich mit der Aufklärung und der Epoche des Sturm und Drang, als antike Gottheiten – als bildungsbürgerliche Verweise, nicht als Ausdruck einer wieder aufgeflammten antiken Religiosität – die Texte prägten und immer mehr »weltliche« Themen wie Natur, Freiheit oder Patriotismus die Hymnen beherrschten, womit diese unserem heutigen Verständnis schon näher kamen.

Als Beispiel hiefür möge der Beginn von Friedrich Gottlieb Klopstocks *Der Zürchersee* aus dem Jahr 1750 stehen:

Schön ist, Mutter Natur, deiner Erfindung Pracht
Auf die Fluren verstreut, schöner ein froh Gesicht,
Das den großen Gedanken
Deiner Schöpfung noch einmal denkt.

Einerseits wird hier »Mutter Natur« angesprochen und ein Loblied auf sie angestimmt, andererseits verweist im vierten Vers der Begriff »Schöpfung« auf eine religiöse Dimension, dem allerdings das zweimalige »Denken« entgegensteht, das eher zur Aufklärung passt.

Geschichte und Bedeutung der Hymne änderten sich grundsätzlich mit dem 19. Jahrhundert, als nach den Napoleonischen Kriegen auf dem Wiener Kongress 1814/15 Europa neu geordnet wurde und Nationalstaaten in unserem heutigen Verständnis entstanden. Um den Bürgerinnen und Bürgern ein *National*bewusstsein zu vermitteln, wurden in der Folge *National-* und Landestheater, *National-* und Landesbibliotheken und -galerien uvm. errichtet sowie *National*feiertage eingeführt – und eben *National-* und Landeshymnen, die in spezieller Körperhaltung (aufrecht stehend) und Gestik (salutierend, Hand aufs Herz – je nach Anlass und Tradition) zu singen waren und noch immer sind. Hymnen wurden damit ideologisch aufgeladene Symbole wie Wappen, Flaggen und andere (Wahr-)Zeichen. Sie dienten dazu, ein Wir-Gefühl zu erzeugen und sich abzugrenzen von den »anderen« – und wurden für sakrosankt erklärt. In nicht wenigen Fällen wurde das Persiflieren, ja selbst das bloße Problematisieren der Inhalte, von Text, Wahrheitsgehalt, Sinnhaftigkeit, Ziel und Zweck verboten und unter Strafe gestellt.

Die älteste der Nationalhymnen im heutigen Sinn ist die niederländische *Het Wilhelmus* aus dem 16. Jahrhundert, wenngleich sie es erst 1932 offiziell wurde. Viele Nationalhymnen wie die US-amerikanische, die irische und die französische sind militärischen Ursprungs, was ihren Texten unschwer anzumerken ist. So singt man noch heute in Frankreich: »Zu den Waffen, Bürger, / Formiert eure Truppen, / Marschieren wir, marschieren wir! / Dass unreines Blut / Tränke unsere Furchen!« Diesem martialischen Gestus kommt die Hymne Kataloniens nahe, nur etwas metaphorischer formuliert und ungeeignet fürs Marschieren, da sie im 3/4-Takt, unterbrochen durch einen 2/4-Takt, gesungen wird und sich damit eher zum Stolpern eignet: »Ein guter Schlag mit der Sichel, / ein guter Schlag mit der Sichel, / Verteidiger des Landes, / ein guter Schlag mit der Sichel.« Da ist Janko Ferk nur zuzustimmen, wenn er sagt: »Wer in Europa heute noch Grenzen mit Blut schreibt, hat aus der Geschichte nichts, aber schon gar nichts gelernt – oder lernen wollen.«[3]

Etliche Nationalhymnen wie die englische richten sich an den König bzw. die Königin; Dänemark, Norwegen und Schweden leisten sich sogar den Luxus von zwei Hymnen (neben der Landes- auch eine Königshymne – oder umgekehrt). Die Schweiz, Island und die Niederlande wiederum haben Hymnen mit dezidiert sakralem Charakter und führen diese folgerichtig auch in ihren kirchlichen Gesangsbüchern.

Neben den offiziellen Nationalhymnen erfreuen sich in etlichen Ländern inoffizielle Hymnen großer Beliebtheit:

In Großbritannien z. B. *Land of Hope and Glory,* in den USA *God Bless America* und *America the Beautiful,* in Australien das Volkslied *Waltzing Matilda.* Und in Österreich? Da lassen eher andere Stücke als die Bundeshymne die Herzen höherschlagen: der *Radetzky-Marsch* und der Walzer *An der schönen blauen Donau,* die bei keinem Neujahrskonzert fehlen dürfen, sowie Rainhard Fendrichs *I Am from Austria* – trotz oder vielleicht wegen des englischsprachigen Titels und Refrains und seines durchaus (selbst)kritischen Textes, haben ja nicht wenige hierzulande ein ambivalentes Verhältnis zu Hymnen und Heimat.

In einem sind sich jedenfalls die meisten Hymnen gleich und gleichzeitig uneins: Das eigene Land ist immer das schönste und die es bewohnen sind immer »die Besten« …

Eine der wenigen rühmlichen Ausnahmen machte in diesem Punkt einst die Hymne der DDR, 1949 getextet von dem Dichter und SED-Politiker Johannes R. Becher (1891–1958) und komponiert von Hanns Eisler (1898–1962), dem künstlerischen Weggefährten Bert Brechts:

Auferstanden aus Ruinen
und der Zukunft zugewandt,
laß uns dir zum Guten dienen,
Deutschland, einig Vaterland.
Alte Not gilt es zu zwingen,
und wir zwingen sie vereint,
denn es muß uns doch gelingen,
daß die Sonne schön wie nie
über Deutschland scheint.

Hier wird nicht der Abgrenzung das Wort geredet, sondern der Einigkeit und, wie die zweite Strophe zeigt, einem völkerumspannenden Frieden:

Glück und Friede sei beschieden
Deutschland, unserm Vaterland.
Alle Welt sehnt sich nach Frieden,
reicht den Völkern eure Hand.
Wenn wir brüderlich uns einen,
schlagen wir des Volkes Feind.
Laßt das Licht des Friedens scheinen,
daß nie eine Mutter mehr
ihren Sohn beweint.

Becher lag offensichtlich daran, eine »Friedenshymne« zu dichten, was ihm schon früh den Vorwurf einbrachte, der Text sei nicht kämpferisch genug. Als sich die DDR Ende der 1960er Jahre von der Idee einer Wiedervereinigung Deutschlands verabschiedete und das Trennende in den Fokus trat, passte die Hymne nicht mehr in die neue politische Orientierung und wurde ab 1970 nur noch instrumental gespielt.

Währenddessen sang man in der BRD das auf die dritte Strophe reduzierte *Deutschlandlied* des August Heinrich Friedrich von Fallersleben (1798–1874), der gewiss kein Großdeutsches Reich im Sinn hatte, sondern die Vereinigung von an die 40 deutschen Klein- und Kleinststaaten. »Deutschland, Deutschland über alles, / Über alles in der Welt« klang vielen nach den Erfahrungen mit Diktatur, Shoa und Weltkrieg eher wie eine Drohung.

Einigkeit und Recht und Freiheit
für das deutsche Vaterland!
Danach lasst uns alle streben
brüderlich mit Herz und Hand!
Einigkeit und Recht und Freiheit
sind des Glückes Unterpfand:
Blüh im Glanze dieses Glückes,
blühe, deutsches Vaterland!

Das war, was jede und jeder unterschreiben konnte. Als die DDR 1990 fast schon Geschichte war, schlug Lothar de Maizière, vom 12. April bis 2. Oktober 1990 erster demokratisch gewählter und zugleich letzter Ministerpräsident der DDR, eine Textfusion aus der ersten Becher-Strophe und der dritten *Deutschlandlied*-Strophe vor – und stieß auf empörte Ablehnung durch Kanzler Helmut Kohl und den damaligen Innenminister Wolfgang Schäuble. Wiedervereinigung ja – aber, selbst was die Hymne anlangt, nach unserer Façon!

Angesichts zweier Weltkriege, zahlloser regionaler Konflikte, militärischer Auseinandersetzungen auch vor den Toren Europas und eines immer stärker werdenden Nationalismus stellt sich die Frage, wie weit *National-* und Landeshymnen nicht längst zu überholt, ja geradezu gefährlich sind, als dass wir sie unreflektiert weiterhin singen könnten. Wissen wir doch, dass mit ihnen im Dienste von Ideologien, missinterpretierten Religionen, von machtlüsternen Landesfürsten und Führern Stimmung gemacht, falsche Gefühle geweckt und Denken verhindert wurden und weiterhin werden.

Ob da die Hymne der Europäischen Union dagegenhalten kann, darf bezweifelt werden, auch wenn sie gut gemeint ist. Friedrich Schillers Text jedenfalls ist weit entfernt von der Sprache und dem Alltagserleben der Europäerinnen und Europäer und wird sie kaum berühren können:

Freude, schöner Götterfunken,
Tochter aus Elysium,
Wir betreten feuertrunken,
Himmlische, dein Heiligthum.
Deine Zauber binden wieder,
Was die Mode streng getheilt;
Alle Menschen werden Brüder,
Wo dein sanfter Flügel weilt.

Die Bundeshymne der Republik Österreich

Wortlaut bis 31. 12. 2011
Bundeshymne (1947–2011)

Land der Berge, Land am Strome,
Land der Äcker, Land der Dome,
Land der Hämmer, zukunftsreich!
Heimat bist du großer Söhne,
Volk, begnadet für das Schöne,
vielgerühmtes Österreich.
Vielgerühmtes Österreich.

Heiß umfehdet, wild umstritten,
liegst dem Erdteil du inmitten
einem starken Herzen gleich.
Hast seit frühen Ahnentagen
hoher Sendung Last getragen,
vielgeprüftes Österreich.
Vielgeprüftes Österreich.

Mutig in die neuen Zeiten,
frei und gläubig sieh uns schreiten,
arbeitsfroh und hoffnungsreich.
Einig laß in Brüderchören,
Vaterland, dir Treue schwören,
vielgeliebtes Österreich.
Vielgeliebtes Österreich.

Aktuelle Fassung
(laut BGBLA seit 01. 01. 2012)

Land der Berge, Land am Strome,
Land der Äcker, Land der Dome,
Land der Hämmer, zukunftsreich!
Heimat großer Töchter und Söhne,
Volk, begnadet für das Schöne,
vielgerühmtes Österreich.
Vielgerühmtes Österreich.

Heiß umfehdet, wild umstritten,
liegst dem Erdteil du inmitten
einem starken Herzen gleich.
Hast seit frühen Ahnentagen
hoher Sendung Last getragen,
vielgeprüftes Österreich.
Vielgeprüftes Österreich.

Mutig in die neuen Zeiten
frei und gläubig sieh uns schreiten,
arbeitsfroh und hoffnungsreich.
Einig laß in Jubelchören,
Vaterland, dir Treue schwören,
vielgeliebtes Österreich.
Vielgeliebtes Österreich.

Falsche aktuelle Fassung
(laut Website des BKA[1])

Land der Berge, Land am Strome,
Land der Äcker, Land der Dome,
Land der Hämmer, zukunftsreich.
Heimat großer Töchter und Söhne,
Volk, begnadet für das Schöne,
Vielgerühmtes Österreich,
Vielgerühmtes Österreich.

Heiß umfehdet, wild umstritten,
Liegst dem Erdteil du inmitten,
Einem starken Herzen gleich.
Hast seit frühen Ahnentagen
Hoher Sendung Last getragen,
Vielgeprüftes Österreich,
Vielgeprüftes Österreich.

Mutig in die neuen Zeiten
Frei und gläubig sieh uns schreiten
Arbeitsfroh und hoffnungsreich.
Einig lass in Jubelchören,
Vaterland, dir Treue schwören,
Vielgeliebtes Österreich,
Vielgeliebtes Österreich.

Ludwig Laher

Keine Geschwisterlichkeit im Vaterland

Zur problematischen Textanpassung der Bundeshymne 2012

Was kann den Gesetzgeber dazu bewegen, an einer scheinbar in Stein gemeißelten Hymne zu rütteln? Schwerste, die Grundfesten menschlichen Zusammenlebens erschütternde charakterliche Verfehlungen ihrer Urheber offenbar nicht, wie dieses Buch an verschiedenen Beispielen demonstriert.

Die österreichische Bundeshymne ist, was das anlangt, zum Glück unverdächtig. Ihre Melodie stammt, so viel lässt sich immerhin mit Bestimmtheit sagen, aus Freimaurerkreisen des 18. Jahrhunderts, der Text von Paula Preradović, einer katholischen Autorin, die dem Widerstand gegen den NS-Terror nahestand, für den ihr Sohn Fritz Molden sein Leben riskierte.

Ich will mich nicht über Gebühr lange mit Überlegungen aufhalten, ob der Wortlaut dieses offiziellen Staatssymbols noch zeitgemäß ist. Dass man seinen Versen ihre Jahresringe ansieht, lässt sich sicherlich nicht leugnen. Als sie kurz nach 1945 geschmiedet wurden, inszenierte Österreich sich nun einmal gern als einst großer, stolzer, aber vielgeprüfter Lastenträger, also als Opfer. Ein Land der Hämmer ist es schon lange nicht mehr, und gläubig schreiten im Land der Dome immer weniger Leute in die neuen Zeiten.

Man mag zu diesen angestaubten Ingredienzen stehen, wie man will, doch gibt es nach meiner Überzeugung keinen zureichenden Grund, sich leidenschaftlich von ihnen zu distanzieren. Bei allen pathosgetränkten Lobpreisungen Österreichs und seiner Menschen, da schwingt nirgends chauvinistische Überheblichkeit mit. Weder werden Gebietsansprüche erhoben noch martialische Phantasien bedient, böse Feinde entlarvt und grausam bestraft.

Was also bewog Regierung und Nationalrat dennoch dazu, in das Werk der Dichterin einzugreifen und diese Überarbeitung mit Wirkung vom 1. Jänner 2012 verbindlich zu machen? In einem Tagungssammelband der Universität Ljubljana über die Hymnen Österreichs schreibt der ausgebildete Germanist und Historiker Harald Miesbacher 2022 davon, dass an Preradović' Text zwei »unerlässliche Abänderungen vorgenommen« worden seien. Den großen Söhnen wurden die Töchter beigesellt, »ersetzt wurden in der dritten Strophe noch die ›Brüderchöre‹ durch die neutraleren ›Jubelchöre‹«.

Es ging, lässt sich diesem Befund entnehmen, offenbar um Gender-Mainstreaming in Form von sprachlicher Sensibilität, ein an sich ehrenhaftes, wenn auch bis heute kontrovers diskutiertes Anliegen. Doch nicht diesbezügliche Glaubensfragen im engeren Sinne wie generisches Maskulinum ja oder nein, Sonderzeichengebrauch und -präferenzen, um möglichst viele geschlechtliche Identitäten abzubilden, gaben mir (und anderen) Anlass, den entsprechenden Gesetzesbeschluss samt seiner aufschlussreichen Vorgeschichte kritisch zu hinterfragen.

Im Unterschied zu Harald Miesbacher bestreite ich entschieden, dass aus dem Boden gestampfte Jubelchöre auch nur im Entferntesten mit Neutralität in Verbindung gebracht werden können. Ein Blick auf die Genese der Neufassung spricht da Bände. Und ich trete der Ansicht entgegen, die Abänderungen seien, wie sie ausfielen, unerlässlich gewesen.

Angesichts der, oberflächlich betrachtet, marginalen Eingriffe in den Text finden sich erstaunlich viele Hebel, die Umdichtung zu problematisieren. Unverständlich ist zunächst einmal die Inkonsequenz, mit der man dabei vorgegangen ist. Die lässt sich nur mit jenseits des Vorsatzes zu gendern angesiedelten Motiven erklären. Und das ist bedenklich.

Während es den Brüderchören also an den Kragen gehen musste, blieb das im Original unmittelbar darauf folgende, mindestens so männerlastige Wort nämlich unbehelligt: Vaterland. Es lohnt sich deshalb, den semantischen Feinheiten der beiden Begriffe nachzuspüren.

Brüderlichkeit steht für ein Wertegefüge der Gleichberechtigung aller, des Respekts und der Achtung der Menschenrechte. In dieser humanistisch geprägten Gesinnung mögen die Österreicherinnen und Österreicher sich laut Preradović dazu bekennen, ihrem Vaterland treu sein zu wollen. 1948, also im Jahr nach Einführung der Bundeshymne, befand die UNO in Artikel 1 der Allgemeinen Erklärung der Menschenrechte denn auch, Menschen »sollen einander im Geiste der Brüderlichkeit begegnen«.

Heutzutage wird das Wort Brüderlichkeit oft durch Geschwisterlichkeit ersetzt. Wäre es den Umdichtern, der Ministerriege und ihren parlamentarischen Exekutoren jedweder geschlechtlichen Identität also tatsächlich ernsthaft darum gegangen, die eindeutig erschließbare Textabsicht der Autorin den Erfordernissen geschlechtergerechter Sprache anzupassen, hätten sie sich dieser leicht nachvollziehbaren semantischen Entsprechung bedient und unter Bedachtnahme auf das trochäische Versmaß zum Beispiel formuliert: »Einig in Geschwisterchören / wollen wir dir Treue schwören«.

Eine solche Anpassung hätte gleichzeitig die Möglichkeit geboten, sich beileibe nicht nur aus Gendergründen vom heiklen Vaterland zu verabschieden, das auch in Österreichs Geschichte durch obrigkeitliche Unterordnungsphrasen wie »Gott, Kaiser und Vaterland« oder die antidemokratische Vaterländische Front des Ständestaates eindeutig konnotiert ist. Doch wollte man diese Distanzierung seitens der politischen Entscheidungsträger, aus welchen Gründen immer, unbedingt vermeiden und in einem Aufwaschen auch gleich das Bekenntnis zur aufklärerischen Idee geschwisterlichen Umgangs eliminieren. Dafür gibt es eindeutige Belege, auf die noch eingegangen werden wird.

Die öffentliche Debatte zum Thema beschränkte sich indessen, zumindest in der medialen Breitenwirkung, weitgehend auf die erste Hymnenstrophe. Dass dort endlich auch große Töchter Platz finden sollten, wurde von vielen begrüßt, brachte jedoch so manchen Zeitgenossen, darunter einen beliebten Volksrocknroller, regelrecht auf die Barrikaden. Selbst gar nicht so wenige Zeitgenossinnen, die sich, sofern sie das schwammige Kriterium der Größe erfüllten, nun explizit einbezogen fühlen durften, traten mit unterschiedlichen Argumenten dagegen auf. Vergeblich. Man zwängte die Töchter an die Seite der Söhne, was die Silbenanzahl der betreffenden Zeile erhöhte und dem Rhythmus des Verses alles andere als zuträglich war. Seither holpern

Sangeswillige so recht und schlecht, da sich an der Melodie ja nichts geändert hat, durch die neue Textpassage.

Was die abgeschafften Brüderchöre anlangt, erscheint es geradezu grotesk, ihrem Ersatz ein größeres Maß an Neutralität zuzusprechen. Neutralität ist nämlich kein Synonym für die Vermeidung von Männerdominanz in der Sprache. Dass an dieser Stelle wenigstens die Kongruenz von Musik und Text erhalten blieb, ist nur ein schwacher Trost, eigentlich gar keiner.

Von einer neutralen Ersatzlösung für die in Ungnade gefallenen Brüder ist der Jubel nämlich weit entfernt. Bekanntlich begegnete Paula Preradović der christlich-sozialen Ersatzlösung für die österreichische Demokratie, dem autoritären Ständestaat, ursprünglich mit einiger Sympathie. Wäre es Intention der Autorin gewesen, die in alten Filmen und Tonaufzeichnungen gut dokumentierten Massenveranstaltungen des Dollfuß- und Schuschnigg-Regimes mit ihrem verordneten, übersteigerten Österreich-Patriotismus textlich abzubilden und bestellte Jubelchöre Treueschwüre schmettern zu lassen, dann hätte sie sicherlich die nicht nachvollziehbare Retro-Adaptierung des 21. Jahrhunderts vorweggenommen und gleich selbst die sanglichen Begeisterungsstürme unseligen Angedenkens bemüht. Es ging ihr aber, vielleicht geläutert durch den Lauf der Geschichte, nach 1945 um eine völlig andere Aussage.

Warum um alles in der Welt müssen neuerdings ausgerechnet in Zeiten wiedererstarkter ausgrenzender Nationalismen patriotische Jubelchöre die österreichische Bundeshymne bevölkern? Warum gab man sich nach der geglückten Tilgung der Geschwisterlichkeit nicht wenigstens, um ein letztes Mal den Begriff Neutralität ins Spiel zu bringen, mit wesentlich neutraleren Freudenchören zufrieden, was begründet die außerordentliche Emotionalisierung des gemeinschaftlichen Treuejubels? Das Versmaß scheidet jedenfalls aus, der in der ersten Strophe malträtierte Trochäus vertrüge Freude und Jubel gleichermaßen.

Natürlich kann auch ein einzelner Mensch jubeln. Häufig aber liegt dem Jubel eine überaus bewegende kollektive Erfahrung zugrunde, etwa ein siegbringendes Fußballtor in der Schlussminute oder die Präsentation des von den Alliierten unterzeichneten Staatsvertrags auf dem Balkon des Belvedere. Doch auch übel beleumundete Staatenlenker vermögen es, mittels rhetorischer Versatzstücke und ihres charismatischen Auftretens das Blut der Massen in Wallung zu versetzen und Jubelstürme auszulösen, oft genug für sinistre Absichten, die in eklatantem Gegensatz zu jener Brüderlichkeit stehen, die Paula Preradović in der österreichischen Bundeshymne hochhielt, bis dieser das ausgetrieben wurde und parlamentarisch abgesegnete Jubelchöre sie übertönten.

Wer nun mutmaßt, hier höre einer, künstlich aufgeregt, das Gras wachsen, die ersonnenen Jubelchöre und das unangetastete Vaterland würden sich vermutlich weit eher vereinigter Gedankenlosigkeit von Regierung und Gesetzgeber verdanken als reaktionärem Gedankengut, dem sei gesagt, diese ohnehin zwiespältige Hoffnung scheint zu trügen. Zumindest schwebte jenen, auf deren Initiative hin der gesamte Prozess einst in Gang kam, anderes, weniger Verstörendes vor. Ein Blick auf die Entstehungsgeschichte der Bearbeitung macht das deutlich: Wie andere Medien berichtete der ORF in seinen Online-Nachrichten schon im September 2005, es gebe nun einen von Frauenministerin

Rauch-Kallat präsentierten Textvorschlag, der in Verhandlungen aller weiblichen Regierungsmitglieder des Kabinetts Schüssel, gebildet aus ÖVP und BZÖ, endgültig fixiert und nach den Worten des Kanzlers im Umfeld des kommenden Nationalfeiertages vom Parlament beschlossen werden solle.

Und siehe da, die in besagtem Artikel vollständig veröffentlichte Ursprungsversion vermied so manches, was der tatsächlich in Kraft getretenen Fassung hier angekreidet wird: Das Vaterland musste, in Einklang mit dem Anliegen des sprachlichen Gender-Mainstreaming, zugunsten des Heimatlands das Feld räumen, die Brüderchöre wurden zwar nicht durch Geschwisterliches, aber immerhin durch jubelfreie, wenn auch wenig elegante freud'ge Chöre ersetzt: »Einig lass in freud'gen Chören / Heimatland, dir Treue schwören«.

Die vollmundig angekündigte Frist verstrich ungenutzt, Jahre zogen ins Land. Dann wurde – schlecht Ding brauchte offenbar Weile – auf Antrag von SPÖ, ÖVP und den Grünen unter einem sozialdemokratischen Kanzler und einer ebensolchen Frauenministerin der aktuelle Text beschlossen. Im vorgeblichen Bemühen, die sprachlich unhaltbar gewordene Dominanz des Mannes zu beseitigen, hatten sich die eher links der Mitte angesiedelten Parteien mit der konservativen ÖVP offenbar auf einen überkommene hierarchische Gesellschaftskonzepte befördernden, weit hinter den Vorschlag von 2005 zurückfallenden Relaunch der Bundeshymne geeinigt, der außer den ergänzten Töchtern nichts »Fortschrittliches« zu bieten hat, ganz im Gegenteil: Das befrachtete, vertikal orientierte Vaterland wurde wieder in seine angestammten Rechte eingesetzt, während die egalitären Brüderchöre verbannt blieben und die Freude in Jubel auszuarten hatte.

Es ist heute noch unverständlich, dass das alles überhaupt und noch dazu einigermaßen widerspruchslos geschehen konnte. Ich kam mir als einer von viel zu wenigen Rufern in der Wüste vor, als ich im *STANDARD* wenige Tage vor der Beschlussfassung durch den Nationalrat vergeblich Einspruch erhob. Lediglich 39 Abgeordnete aus den Reihen von FPÖ und BZÖ stellten sich in einer namentlichen Abstimmung dagegen. Aus Protest gegen die ersatzlos gestrichene Brüderlichkeit dürfte das nicht erfolgt sein.

Geschlechtersensible Sprache ergibt nur in einer Umgebung allgemeinen sensiblen Umgangs mit Sprache und ihren Inhalten einen Sinn. Im schlimmsten Fall – und in Zusammenhang mit der textlichen Bearbeitung der Bundeshymne ist dieser schlimmste Fall zweifellos eingetreten – erschlägt die Repräsentanz verschiedener Geschlechter absichtlich oder unabsichtlich die ursprüngliche Aussage eines Textes. Für die allermeisten, die als Urheber geschützter Texte nicht nur ihr Geld verdienen, sondern, wenig überraschend, auch Wert darauf legen, dass ihnen das Wort nicht im Mund umgedreht wird, ist das Vorgehen der gewählten Volksvertretung, Paula Preradović Jubel- statt Brüderchöre zu unterschieben, mehr als befremdlich.

Koschka Hetzer-Molden hat sich als Erbin der Werkrechte ihrer Schwiegermutter wiederholt eindeutig gegen die Umdichtung ausgesprochen und dabei unter anderem darauf verwiesen, dass die Europahymne einem gewissen Friedrich Schiller weiter anstandslos gestattet, alle Menschen, ganz im Sinne von Preradović und der UNO, Brüder werden zu lassen.

Zwar ist die Republik, vertraglich gesichert, Eigentümerin der Bundeshymne, was aber am Urheberpersönlichkeitsrecht nichts ändert, welches Autorinnen und Autoren in allen Belangen ihrer geistigen und persönlichen Beziehung zum von ihnen geschaffenen Werk schützt, die nicht vermögensrechtlicher Natur sind. Es ist schon bemerkenswert, wenn sich ausgerechnet der Gesetzgeber selbst über diese Rechtsnorm hinwegsetzt.

Der Vorschlag von 2005 verband die Töchter übrigens noch durch einen Beistrich mit den Söhnen, nicht durch das später beschlossene Bindewort, was bei Singversuchen zu den teils belächelten, teils bekämpften Töchtersöhnen führte, denen man durch einen Eingriff ins Versmaß Herr bzw. Herrin zu werden hoffte. Als glückliche Konstruktion lässt sich das Ergebnis beim besten Willen nicht bezeichnen, selbst wenn man dem damit verbundenen Anliegen positiv gegenübersteht.

Wer vom Kopfschütteln jetzt noch nicht genug hat, dem sei noch ein Nachschlag gegönnt: Seit der Einführung des neuen Wortlauts der Bundeshymne sind ein Dutzend Jahre ins Land gezogen. Bis heute, also bis zum Erscheinen dieses Buches im Herbst 2024, stößt sich anscheinend niemand daran, dass die Republik Österreich zwei offizielle Textfassungen der Neubearbeitung vorrätig hält. Die eine, die offizielle offizielle, ist im Bundesgesetzblatt als 127. Bundesgesetz des Jahrgangs 2011 veröffentlicht worden. Man hat sich dabei offenbar so stark aufs (unvollständige) Gendern konzentriert, dass man vergessen hat, den Text an die seit dem 1. August 2005 ausschließlich gültige Rechtschreibung anzupassen: »Einig laß in Jubelchören …« Die andere, scheinbar offizielle ziert immerhin die Website des

Bundeskanzleramtes und steht groteskerweise unmittelbar unter dem Link zum erwähnten Bundesgesetzblatt. Sie verwendet zwar die gültige Rechtschreibung (»Einig lass in Jubelchören …«), verstößt damit und mit anderen Eingriffen aber gegen die teils ungültige Orthographie des Gesetzblattes. Und zwar gleich in elf Fällen. Einmal fehlt ein Beistrich, dann wird einer gesetzt, wo er nicht sein darf. Mehrmals erscheint ein Komma statt eines Punktes. Einmal tilgt man ein Rufzeichen, und durchgängig stehen, im Gegensatz zum gesetzlich verlautbarten Text, Großbuchstaben am Beginn jeder Verszeile.

Fazit: Es gibt von Amts wegen eine gültige Version der Bundeshymne in ungültiger Rechtschreibung und eine ungültige Version in gültiger Rechtschreibung. Eine gültige Version in gültiger Rechtschreibung gibt es nicht.

Mein Gott, haben wir denn keine anderen Sorgen? Diese Frage wird einem oft gestellt, wenn man sich scheinbaren Orchideenthemen wie dem hier vertieften widmet. Selbstverständlich haben wir andere Sorgen, gewichtigere, ans Eingemachte gehende, wie man heute gerne sagt. Es sollte uns aber nicht egal sein, wie mit dem gesetzlich geschützten Staatssymbol Bundeshymne umgegangen wird. Ihre offizielle Adaptierung bewirbt in der dritten Strophe Haltungen, Konzepte des Miteinanders, die hinter das Anliegen der weiß Gott konservativen Dichterin Paula Preradović zurückfallen, eine solidarische Gesellschaft der Brüder-, der Geschwisterlichkeit aufzurufen. Daran ändern auch die Töchter in der ersten nichts.

Burgenländische Landeshymne

Mein Heimatvolk, mein Heimatland, mit Österreich verbunden!
Auf Dir ruht Gottes Vaterhand, Du hast sie oft empfunden.
Du bist gestählt in hartem Streit zu Treue, Fleiß und Redlichkeit.
Am Bett der Raab, am Heiderand, Du bist mein teures Burgenland!
Am Bett der Raab, am Heiderand, Du bist mein teures Burgenland!

Rot-Gold flammt Dir das Fahnentuch, Rot-Gold sind Deine Farben!
Rot war der heißen Herzen Spruch, die für die Heimat starben!
Gold ist der Zukunft Sonnenlicht, das strahlend auf Dich niederbricht!
Stolz trägt das Volk Dein Wappenband: Du bist mein teures Burgenland!
Stolz trägt das Volk Dein Wappenband: Du bist mein teures Burgenland!

Mein Heimatvolk, mein Heimatland! Mit Öst'reichs Länderbunde
hält dich verknüpft das Bruderband schon manche gute Stunde!
An Kraft und Treue allen gleich, Du jüngstes Kind von Österreich.
Zu Dir steh' ich mit Herz und Hand: Du bleibst mein teures Burgenland!
Zu Dir steh' ich mit Herz und Hand: Du bleibst mein teures Burgenland!

Gerhard Ruiss

»Nur ein Mann aus dem Volke kann wirklich das Lied des Volkes schaffen!«[1]

Die Ständestaatshymne des jüngsten Bundeslandes

Dass die burgenländische die einzige im Ständestaat entstandene österreichische Hymne ist, merkt man bereits an ihrer Wortwahl, die sich, wie bei den meisten einmal eingesetzten Hymnen, bis heute unverändert erhalten hat. Sie war das Ergebnis einer Ausschreibung der Vaterländischen Front. Ihrem Wortlaut nach verdankt das Burgenland seine Entstehung u. a. folgenden Umständen: »Du bist gestählt in hartem Streit zu Treue, Fleiß und Redlichkeit (...) / Rot war der heißen Herzen Spruch, die für die Heimat starben!« Und dem Anspruch auf den Beistand Gottes: »Auf Dir ruht Gottes Vaterhand, Du hast sie oft empfunden.«

Sieger der Ausschreibung des Wettbewerbs von 1935 waren der Germanist und Autor Ernst Görlich (1905–1973) und der dem bäuerlichen Milieu entstammende Geiger, Kapellmeister und Komponist Peter Zauner (1886–1973), wobei für die Wahl Zauners in einem Stichentscheid zwischen den zwei besten Vertonungen den Ausschlag gab, dass Zauner Burgenländer war.[2]

Ernst Görlich ist in seinem Bekenntnis zu Österreich und durch sein Berufsverbot unter den Nationalsozialisten jeder Kollaboration mit dem Nationalsozialismus unverdächtig, ihm kann man allenfalls sein Eintreten für den Ständestaat vorwerfen, ganz anders sieht es bei Peter Zauner aus. Der Komponist der Hymne des Burgenlandes stand vom Beginn des nationalsozialistischen Einmarsches in Österreich an auf der Seite der Nationalsozialisten. Und das durchaus aktiv.

Zauner stellte Ende 1938 seinen Aufnahmeantrag in die NSDAP, nachdem er bereits im März desselben Jahres mitsamt seiner Kapelle an einer »Kraft durch Freude«-Fahrt für Arbeiter und illegale Aktivisten der NSDAP aus dem Nordburgenland nach Leipzig zur Messe teilgenommen hatte. Zauner rechtfertigte seine NSDAP-Mitgliedschaft später als Notwendigkeit wegen seiner Rolle als Landwirtschaftsfunktionär, was aber nicht erklärt, warum er seine Musik bzw. die überregionale Bekanntheit seiner Pöttschinger Bauernkapelle schon deutlich früher, als er seine NSDAP-Mitgliedschaft beantragte, in den Dienst der NS-Propaganda stellte. Es ist von ihm zudem auch nicht bekannt, dass er die Auflösung und Aufteilung seines Bundeslandes im Nationalsozialismus auf die Reichsgaue Niederdonau (Niederösterreich + angrenzende Gebiete Böhmens und Mährens) und die Steiermark je als Problem ansah.

Zunächst war der Ständestaatshymne des Burgenlandes nur eine zweijährige Lebensdauer beschieden, von 1936 bis 1938, bevor sie von den Nationalsozialisten abgeschafft wurde. Elf Jahre später, im Oktober 1949, wurde sie mit Zustimmung des Hochkommissars der sowjetischen Besatzung als nicht belastete Hymne wieder zugelassen, mit der Begründung, welche die burgenländische Regierung heute in der Darstellung der Geschichte ihrer Landeshymne ausweist[3], weil man »trotz ihrer Entstehungsgeschichte keine ›mit demokratischen Grundsätzen unvereinbare Tendenz‹

in ihr finden konnte«. Und tatsächlich taucht in der burgenländischen Landeshymne weder der Begriff »deutsch« auf noch finden sich in ihr rassistische oder antisemitische Diskriminierungen.

Problematisch an dieser Entlastung und an ähnlichen Entlastungen in der Nachkriegssituation ist jedoch die Gleichstellung der Ständestaatsdiktatur mit der von ihr beseitigten Demokratie. Sie erlaubt bis heute die Inanspruchnahme eines Österreich-Patriotismus durch diktatorische Politik, und es half jahrzehntelang, den Mythos zu betonen, Österreich sei das erste Opfer des Nationalsozialismus gewesen, und die österreichische Mitverantwortung am Nationalsozialismus abzuschwächen.

Es hätte sich durchaus dasselbe für die Bundeshymne des nationalistischen Hakenkreuzlieddichters Ottokar Kernstock in der Ersten Republik befinden lassen, zumal diese bereits 1929, noch unter demokratischen Verhältnissen, zustande kam, nur wollte diese Hymne nach 1945 niemand mehr zurück. Da die im Geist der patriotischen Festigung geschriebene vierte Strophe des *Kärntner Heimatliedes* bereits 1930 entstand und die geplante niederösterreichische Hymne nach dem Einmarsch der Nationalsozialisten 1938 nicht mehr umgesetzt werden konnte, ist die burgenländische Landeshymne die einzige Österreichs, die in der Zeit des Ständestaats zustande kam und als Ständestaatsrelikt bis heute erhalten geblieben ist.

Mit seinem rund 100-jährigen Bestand ist das Burgenland das jüngste der österreichischen Bundesländer. 1919 wurden im Friedensvertrag von Saint-Germain die deutschsprachigen Gebiete Westungarns, das heutige Burgenland, Österreich zugesprochen. Bei einer anschließenden

Volksabstimmung entschied sich jedoch der Bezirk Šopron/ Ödenburg für Ungarn. Die Aufnahme des Burgenlandes als selbständiges und gleichberechtigtes Bundesland der Republik Österreich erfolgte 1921. Bis zur endgültigen territorialen Festlegung der Grenzen des Burgenlandes und zur heutigen Aufteilung der Zugehörigkeit einzelner Orte zu Österreich oder Ungarn im März 1923 vergingen noch einmal zwei Jahre.

Übernommen mit der Zuteilung Westungarns zu Österreich wurden die kroatische Bevölkerungsgruppe, die ungarische und die der Roma und Sinti, die erst ab 1993 als eigene Volksgruppe anerkannt wurden. Die erste gesetzliche Anerkennung der Volksgruppen nach dem Ende des Zweiten Weltkriegs erfolgte durch den Österreichischen Staatsvertrag von 1955, in dem die slowenische und die kroatische Minderheit im Artikel 7 das Recht auf ihre eigenen Organisationen, Einrichtungen, Medien und Aufschriften zugesprochen erhielten. Mit dem Volkgruppengesetz 1976 wurde auch die ungarische Minderheit in Österreich in die Gleichstellung einbezogen, 1993 kamen die Roma und Sinti dazu. Im Jahr 2000 wurden schließlich die Minderheitenrechte in der Verfassung verankert und die gesetzlich anerkannten Volksgruppen um die tschechische und slowakische Volksgruppe ergänzt.

Der Artikel 8 des Österreichischen Bundes-Verfassungsgesetzes lautet seither, erweitert um den Absatz 2:

(1) Die deutsche Sprache ist, unbeschadet der den sprachlichen Minderheiten bundesgesetzlich eingeräumten Rechte, die Staatssprache der Republik.
(2) Die Republik (Bund, Länder und Gemeinden) bekennt

sich zu ihrer gewachsenen sprachlichen und kulturellen Vielfalt, die in den autochthonen Volksgruppen zum Ausdruck kommt. Sprache und Kultur, Bestand und Erhaltung dieser Volksgruppen sind zu achten, zu sichern und zu fördern.

Von verwirklichten Minderheitenrechten im Burgenland oder anderswo im Österreich der 1920er und 1930er Jahre konnte keine Rede sein. Auf die Anwesenheit von Volksgruppen im Burgenland findet sich, außer durch die Unterlassung des Begriffs »deutsch« oder der Abwertung einer der Bevölkerungsgruppen, in der burgenländischen Landeshymne dementsprechend auch kein Hinweis. Hauptsächlich ist sie – wie die meisten Hymnen – mit Eingemeindungs- und Abgrenzungsfragen beschäftigt. Sie ist neben der Kärntner Hymne mit ihrer Ergänzungsstrophe von 1930 eine der beiden, in denen auf eine blutige Entstehungsgeschichte des Bundeslandes Wert gelegt wird.

Dass es sich bei Teilen des Burgenlandes um mehrsprachige Gebiete handelt, lässt sich aber auch ohne sonstige Hinweise darauf in zahlreichen Ortsbezeichnungen wiederfinden: Deutsch Bieling, Deutsch Ehrensdorf, Kroatisch Ehrensdorf, Deutsch Geresdorf, Kroatisch Geresdorf, Deutsch Gerisdorf, Deutsch Kaltenbrunn, Deutschkreutz, Deutsch Jahrndorf, Deutsch Minihof, Kroatisch Minihof, Deutsch Schützen, Deutsch Schützen-Eisenberg, Deutsch Tschantschendorf, Kroatisch Tschantschendorf.

171 Gemeinden verzeichnet das Burgenland, in 47 Gemeinden und Ortsteilen wurden 2000 zweisprachige Ortstafeln aufgestellt. Es ist davon auszugehen, dass in den 1920er und 1930er Jahren eher noch größere kroatische,

ungarische und Volksgruppen der Roma und Sinti im Burgenland bestanden, die im Lauf der Zeit durch den allgemeinen Assimilierungsdruck, die Verfolgungen im Nationalsozialismus und durch Abwanderungen zwangsläufig kleiner wurden. Es wäre also gar nicht so abwegig gewesen, in irgendeiner Weise darauf in der Hymne von 1935 einzugehen, das war aber nicht der Fall und wurde weder nach der Wiederzulassung der Hymne 1949 noch nach dem Staatsvertrag von 1955, dem Volksgruppengesetz von 1976 oder der Verankerung der Minderheitenrechte in der Verfassung im Jahr 2000 für burgenländische Landesregierungen je zum Thema.

Den Hinweis auf diesen Bedarf hätte es gegeben. Seit 1923 verfügt die kroatische Volksgruppe im Burgenland über eine eigene Hymne, 1924 wurde sie zum ersten Mal in einem Gesangsbuch veröffentlicht. Komponist der burgenlandkroatischen Hymne *Hrvat u Gradišću / Hrvat mi je otac* ist der Pädagoge und Musiker Ivan Vuković (1876–1957), der Text stammt von einem Gedicht des burgenlandkroatischen Seelsorgers, Schriftstellers und Naturwissenschaftlers Mate Mersich-Miloradić (1850–1928). Eingesetzt wird die Hymne, wie auch alle anderen, bei feierlichen Anlässen. Meist werden beide gesungen, die burgenlandkroatische und die Landeshymne, von der kroatischen Hymne nur die erste und die letzte Strophe[4], ihre anderen, teils martialischen Strophen[5] werden nur noch selten verwendet.

Ähnlich ausgeprägte Hymnen-Verselbständigungen sind von den beiden anderen burgenländischen Volksgruppen nicht bekannt. Lediglich eine auf Oberwart reduzierte burgenlandungarische Hymne aus dem Jahr 1947 des burgenlandungarischen Landwirtes, Landvermessers und Dichters

János Topler (1902–1969) existiert noch, mit der er Oberwart und dem ungarischen Volk Frieden, Glück und Freiheit wünscht.[6]

Von 1922 bis 1938 wurde das Burgenland von christlich-sozialen Landesregierungen regiert bzw. von 1946 bis 1964 weiter von ihrer Nachfolgepartei, der Österreichischen Volkspartei, immer mit starker Beteiligung der Sozialistischen Partei. Von 1964 an bis heute regiert die Sozialistische bzw. Sozialdemokratische Partei in ununterbrochener Folge das Burgenland. Es ist bis auf zwei künstlerische Interventionen keine kritische Auseinandersetzung mit der burgenländischen Landeshymne, ihrem Zustandekommen und ihrem Komponisten bekannt: Die eine erfolgte durch den burgenländischen Dramatiker Peter Wagner 1981, bei der die burgenländische ÖVP als Schutzmacht für die Hymne auftrat. Eine zweite wurde durch das Offene Haus Oberwart – OHO 2021 zum 100-Jahre-Jubiläum des Landes Burgenland initiiert, eine burgenlandkritische Inszenierung eines Textes von Siegmund Kleinl, *Das jüngste Land*[7], mit 100 Mitwirkenden und einem Alternativhymnenvorschlag von Katharina Tiwald (Text) und Sophie Reyer (Komposition) – »Gebt mir Verve und Sterz, / Verve und Sterz, / Hirnschmalz und Herz!«. Von sozialdemokratischer Seite aus blieb die christlich-soziale Ständestaatshymne unbehelligt und wurde nach der Ablöse-Empfehlung der Hymne am 12. Juni 2023 von der IG Autorinnen Autoren durch den sozialdemokratischen Landeshauptmann Hans Peter Doskozil zuletzt sogar vehement verteidigt: Sie sei bisher ein Bestandteil der burgenländischen Identität gewesen und solle es auch bleiben. Es wurde lediglich die Notwendigkeit zur »Kontextualisierung«

durch die wissenschaftliche Aufarbeitung der Biographie ihres Komponisten Peter Zauner eingeräumt. Was immer das heißen kann, weil es wohl kaum möglich sein wird, sich zu einer Hymnenkomposition zu bekennen und sich zugleich von ihrem Komponisten zu distanzieren.

Die anlässlich des 60-jährigen Bestehens des Burgenlands von Peter Wagner veröffentlichte Version seiner Burgenlandhymne[8] löste 1981 einen Kulturkampf im Burgenland aus. Als besonders erschwerend angesehen wurde, dass seine Hymnenversion in einer Jubiläumsschrift des Landes Burgenland im Auftrag und mit Finanzierung des Landes zustande gekommen war. Der Landesparteisekretär der Österreichischen Volkspartei Gerhard Jellasitz richtete dem SPÖ-Kulturlandesrat Gerald Mader mit einem Verweis auf den § 248 des Strafgesetzbuches via Medien aus, der Landesrat hätte sich durch die Veröffentlichung und wegen der unterlassenen Anzeigenpflicht eigentlich strafbar gemacht, weil eine Abänderung der Landeshymne verboten sei. Bestraft werden konnten und können allerdings nicht Abänderungen wie Kürzungen oder ihr nur instrumentaler Vortrag, sondern lediglich entstellende Abänderungen wie Herabwürdigungen, Verächtlichmachungen oder Beschimpfungen. Es kam trotz aller Vehemenz der Kritik an der Hymne in der Wagner'schen Gegenhymne jedoch in weiterer Folge weder zu einer Anzeige noch zu einer Anklage oder strafrechtlichen Verfolgung.

Wenigstens dreimal hat das Burgenland Österreich-Geschichte geschrieben, 1927 durch die Tötung des sechsjährigen Josef Grössing sowie des kriegsversehrten Klingenbacher Schutzbündlers Matthias Csmarits bei einer Demonstration im burgenländischen Grenzort Schattendorf und den Freispruch der Beschuldigten wegen Notwehr und das darauf erfolgte Anzünden des Justizpalastes, das zweite Mal 1956 bei der Öffnung der Grenzen für ungarische Flüchtlinge nach der Niederschlagung des ungarischen Volksaufstandes gegen die Vorherrschaft der kommunistischen Partei und die sowjetische Besatzungsmacht – und das dritte Mal 1995 durch die politisch motivierte Ermordung von vier Roma, Peter Sarközi, Josef Simon und Karl und Erwin Horvath mit einer Rohrbombe des Rechtsextremisten Franz Fuchs, die an einem Schild mit der Aufschrift »Roma zurück nach Indien« angebracht war. Etliche Male hat darüber hinaus das Burgenland Ende der 1960er, Anfang der 1970er Jahre mit den Landeskulturräten Sinowatz und Mader in einer führenden Rolle in der österreichischen Kulturpolitik auf sich aufmerksam gemacht.

Es gäbe also im Zusammenspiel mit dem Auf- und Ausbau der Minderheitenrechte sowie dem kulturellen Aufbruch des Burgenlandes vor rund 50 Jahren mehr als genug Gründe, die Ständestaatshymne über die Geburtsstunde des Burgenlandes hinter sich zu lassen und mit einer zeitgemäßen Hymne der inzwischen 100-jährigen eigenständigen Entwicklung des Burgenlandes zu entsprechen, das sich nicht mehr seiner Existenz versichern muss, sondern längst über eine eigene charakteristische Geschichte verfügt.

Am 16. Mai 2022 hat der aus Rechnitz stammende österreichische Komponist, Pianist, Dirigent und Musikproduzent Christian Kolonovits bei einem Festakt für »100 Jahre Burgenland« eine richtungsweisende Neuinterpretation für großen Chor, großes Orchester und E-Gitarre der Burgenland-Hymne unter Einbeziehung aller vier Landessprachen, Deutsch, Kroatisch, Romanes und Ungarisch, vorgenommen. Vom Originaltext wurde die zweite Strophe weggelassen und die Hymne um kroatische, ungarische und Textteile in Romanes ergänzt und nach der Schlussstrophe in Deutsch die Hymne mit kurzen Einschüben in allen Landesprachen abgeschlossen. Statt der sonst üblichen musikalischen Behäbigkeit von österreichischen Hymnen positionierte Kolonovits seine Interpretation in einer der Landschaft und Geschichte entsprechenden musikalischen Dimension, die sich von symphonischer Weite bis zu zeitgenössischer Weltmusik erstreckte, und bewies damit, was aus Hymnen werden kann, wenn man einerseits ihre Geschichte mitnimmt und andererseits aus ihnen heutige, feierliche, nicht martialische Hymnen macht. So mutig war man dann bei der Präsentation der bearbeiteten Hymne beim coronabedingt zwei Jahre später nachgeholten Festakt zu »100 Jahre Burgenland« am 18. Juni 2023 im Schloss Esterhazy vor zahlreichen offiziellen Repräsentantinnen und Repräsentanten als »finaler Höhepunkt« der Landesfeierlichkeiten dann aber doch nicht, sich noch einmal so weit vorzuwagen. Es wurden wieder alle drei Strophen der Hymne gespielt, also auch die Mittelstrophe der blutigen Entstehungsgeschichte des Burgenlands, mit ihrem zwar neuen musikalischen Mittelteil, aber ohne eine einzige Zeile in einer der burgenländischen Minderheitensprachen.

NIEDERÖSTERREICHISCHE LANDESHYMNE

O Heimat, dich zu lieben,
getreu in Glück und Not.
Im Herzen steht's geschrieben
als innerstes Gebot.
Wir singen deine Weisen,
die dir an Schönheit gleich,
und wollen hoch dich preisen,
mein Niederösterreich.

Im Rauschen deiner Wälder,
in deiner Berge Glanz,
im Wogen deiner Felder
gehören wir dir ganz.
Im Dröhnen der Maschinen,
im Arbeitsfleiß zugleich,
wir müh'n uns, dir zu dienen,
mein Niederösterreich.

Getreu dem Geist der Ahnen,
wir schaffen uns das Brot
und halten hoch die Fahnen
blau-gold und rot-weiß-rot.
Wenn sie im Winde wehen,
an ernster Mahnung reich,
gilt es, zu dir zu stehen,
mein Niederösterreich.

Gerhard Ruiss

»Aus dem Bett gesprungen, mit der Muse gerungen und Gnade gefunden«[1]

Die jüngste der österreichischen Hymnen

Es ist angesichts der nur schwach entwickelten Emanzipationsversuche von früheren Herrschaftsverhältnissen in Hymnen nicht besonders verwunderlich, dass die niederösterreichische Landesregierung für die aus den Jahren nach dem Zweiten Weltkrieg stammende jüngste österreichische Hymne ausgerechnet jemanden zum Dichter haben wollte und weiterhin behalten will, von dem die Landesregierung auf ihrer Website selbst sagt: »Sein durchaus problematisches Nahverhältnis zum Nationalsozialismus tat seinem Ruf als bedeutender österreichischer Dichter auch nach 1945 keinen Abbruch.«[2]

Diese Einstufung Franz Karl Ginzkeys durch die Landesregierung war bereits zum Zeitpunkt der Einführung der Hymne eher Wunschdenken als Realität. Die Behauptung seiner Bedeutung als Autor bezieht sich auf ein Werk, das im Wesentlichen mit dem Ende des Zweiten Weltkriegs abgeschlossen war. Nach 1956 kam es zu keiner Buchneuerscheinung von Ginzkey mehr, 1960 wurde eine letzte Zusammenstellung seiner Werke herausgegeben.

Mittlerweile gibt es nicht mehr den geringsten Beleg für seine literarische Präsenz und Prominenz. Einzig und allein von ihm geblieben sind »sein durchaus problematisches

Nahverhältnis zum Nationalsozialismus« und seine Rolle als deutsch-nationaler Vertreter des literarischen Habsburger-Erbes in der Ersten Republik sowie die Auseinandersetzungen um sein bekanntestes Werk, das 1943 zum letzten Mal im Original erschienene Kinderbuch *Hatschi Bratschis Luftballon*, das seither nur noch in gereinigten Fassungen weiter aufgelegt wurde. Der Hauptgrund dafür sind seine mit dem NS-Rassendenken kompatiblen Darstellungen und Figuren, deren Charakterisierungen durch die jeweiligen Illustrationen noch verstärkt wurden.

Weder seine deutsch-nationale Grundeinstellung noch seine Nähe zum Nationalsozialismus hinderten aber nach 1945 jemanden daran, Ginzkey mittels hoher und höchster Auszeichnungen, wie dem Literaturpreis der Stadt Wien 1954 und dem Großen Österreichischen Staatspreis 1957, als einen der führenden Vertreter des literarischen Lebens in Österreich auszuweisen, und es hielt schon gar nicht die niederösterreichische Landesregierung davon ab, ihn zwei Jahre nach seinem Tod 1965 zum Verfasser ihrer Landeshymne zu machen.

Seit der Hinterfragung der Herzeigbarkeit des Autors ihrer Hymne Anfang 2023 durch eine Initiative niederösterreichischer Autorinnen und Autoren entschuldigt die Landesregierung diese damit, dass in ihrem Text nichts Belastendes zu finden sei. In dieser Hinsicht ist an der Hymne auch nichts auszusetzen. Wenn dem Text etwas vorzuwerfen ist, dann, dass er nur aus Versatzstücken besteht. Als Besonderheiten Niederösterreichs angeführt werden: die Liebe zum Land als ins Herz geschriebenes innerstes Gebot, Weisen, die seinen Landesschönheiten gleichen, das heimatliche Waldesrauschen, Felderwogen, Bergeglänzen,

Maschinendröhnen und der Arbeitsfleiß, mit dem das Brot im Geist der Ahnen geschaffen wird, und schließlich und endlich das Hochhalten der in den Landesfarben im Wind wehenden Landesfahne.

Die gegenüber der nicht umgesetzten niederösterreichischen Mundarthymne vor 1938 nur sprachlich gehobene Heimattümelei der 1965 eingeführten Landeshymne ist zwar nicht die schrecklichste unter den österreichischen und der Gipfelpunkt der Unterwürfigkeit (hierin ist die oberösterreichische unübertroffen) und sie ist auch alles andere als blutrünstig (blutig geht es in Österreich nur in jenen Kärntens und des Burgenlandes zu), eine literarische Weiterentwicklung einer Hymne zu einem Zeitpunkt, an dem diese bereits durch andere Autorinnen oder Autoren möglich gewesen wäre, verkörpert sie dennoch nicht.

Es hätte 1963 nach der Festlegung der Übernahme der Vertonung des Freimaurer-Bundesliedes von Johann Wolfgang von Goethe aus dem Jahr 1775 *In allen guten Stunden* durch Ludwig van Beethoven auch jede andere Entscheidung getroffen werden können. Die von der niederösterreichischen Landesregierung eingesetzte Kommission entschied sich jedoch für Ginzkey und sein bereits durch eine Initiative des niederösterreichischen Landesinspektionsrats Karl Jindracek seit 1955 als Hymne vorgesehenes, aber nicht umgesetztes »Heimatlied«, mit der Begründung, der Text passe zur Melodie Beethovens und er sei außerdem bereits bekannt. Sie entschied sich damit für einen Autor, der nicht nur wegen seiner Nähe zum Nationalsozialismus, sondern auch als Deutschnationaler in seinem Verhältnis zu Österreich und als Staatsrat in der österreichischen Ständestaatsdiktatur umfassend belastet war.

Wie die meisten österreichischen Hymnen hat auch die niederösterreichische Landeshymne Vorgängerinnen und eine längere Anlaufzeit hinter sich, es gibt zudem auch heimliche oder inoffizielle, Volks- oder Ersatzhymnen. In Niederösterreich ist das vor allem die 1937/38 als Landeshymne geplant gewesene Komposition des Geraser Paters Milo Offenberger nach einem Text des St. Pöltner Theologen und Dichters Josef Wagner: *Is wo a Landl.* Als letztlich vaterländische Hymne mit dem Refrain »Dös is mein Österreich unter der Enns« bestand nach dem Einmarsch der Nationalsozialisten im März 1938 keine Möglichkeit mehr, sie umzusetzen. Aus Niederösterreich wurde der »Reichsgau Niederdonau«, aus Österreich die »Ostmark« und ab Jänner 1942 wurden die Reichsgaue der Ostmark zu den »Alpen- und Donaugauen des Deutschen Reichs«.

Das alles geschah ganz im Sinne von Persönlichkeiten wie Franz Karl Ginzkey. Er war bis 1945 nur so weit Österreicher, als er Österreicher sein musste, und nutzte jede Gelegenheit, um sein Deutschtum herauszustreichen und sich als Gefolgsmann des Deutschen Reichs zu erweisen.

Ginzkey trat 1933 wegen der Proteste des PEN-Clubs gegen die Verfolgung von Autorinnen und Autoren durch die Nationalsozialisten sowie gegen die Bücherverbrennungen aus dem österreichischen PEN-Club aus, er war Mitglied im NS-Kampfbund für Deutsche Kultur und im Reichsverband Deutscher Schriftsteller, gehörte dem 1936 gegründeten Bund deutscher Schriftsteller Österreichs an, der sich für den Anschluss Österreichs an das Deutsche Reich einsetzte, und war mit der auszugsweisen Wiederveröffentlichung eines bereits früher publizierten Textes einer der Autorinnen und Autoren des *Bekenntnisbuchs österreichischer Dichter* zum Nationalsozialismus und Dritten Reich 1938.

Ginzkey bemühte sich seit dem Anschluss um die Mitgliedschaft bei der NSDAP, die ihm als ehemaligem Angehörigen der Freimaurerloge »Zukunft« von 1919 bis 1931 und wegen seiner Zugehörigkeit zum Staatsrat des österreichischen Ständestaats jedoch lange Zeit verwehrt blieb. Erst im Jänner 1942 wurde er durch einen Gnadenakt Hitlers deren Mitglied.

Zu seinen NS-Belastungen kommen die Beschönigungen und Überhöhungen seiner Einstellungen, Funktionen und Tätigkeiten, wie u. a. die Aussage, dass er – wie viele andere auch – nach 1945 immer schon ein Vertreter der österreichischen Wesensart gewesen sein soll, der den Nationalsozialismus erdulden habe müssen, obwohl er ein paar Jahre zuvor in seinem NSDAP-Aufnahmeantrag seine Begeisterung für die Idee eines Großdeutschland »schon von Kindesbeinen an« beteuerte, oder dass er angeblich maßgeblicher Mitbegründer der Salzburger Festspiele war, was zur Untermauerung der Bedeutung ihres Hymnendichters auch auf der Website der niederösterreichischen Landesregierung angeführt wird. Über diese Gründungsfunktion Ginzkeys schreibt der Salzburger Literaturwissenschaftler und Autor Klemens Renoldner in der Reihe »Zu Recht vergessen – die besten schlechtesten Dichter aller Zeiten« in der Zeitschrift *Volltext*: »Ab 1920 lebte Ginzkey in Salzburg (...) Erst 1929 wurde er in den erweiterten Kunstrat der Salzburger Festspiele aufgenommen. Ärgerlich, dass sich in fast allen Nachschlagewerken die Auskunft findet, Ginzkey sei einer der Festspielgründer gewesen. Das ist Unsinn. Es findet – diese Information verdanke ich dem Salzburger

Historiker Robert Hoffmann – eine Verwechslung mit dem Großindustriellen Wilhelm Ritter von Ginzkey statt, der ab 1918 in der Direktion der Festspielgemeinde tätig war. Franz Karl Ginzkey hingegen wurde nicht einmal, wie ebenfalls häufig zu lesen, 1924 in die Direktion bzw. in das Kuratorium des Festivals bestellt. Die falsche Behauptung, Ginzkey habe in den Anfangsjahren der Festspiele, neben Reinhardt und Hofmannsthal, mitgewirkt, geht vermutlich auf das entsprechende Kapitel in der Autobiographie zurück, in der Ginzkey seine Salzburger Kultur-Aktivitäten großspurig und hochstaplerisch darstellt.«[3]

Renoldner bezieht sich, wie alle anderen, in der Bewertung des literarischen Werks von Ginzkey auf die Zeit bis 1945 und lässt das zwischen seinen höchsten Auszeichnungen neu erschienene literarische Werk nach 1945 beiseite, das sich nicht nur literarisch dürftig, sondern auch politisch höchst fragwürdig erweist. In seinen 1956 im Wancura Verlag veröffentlichten Band mit Grotesk-Gedichten, *Der Tanz auf einem Bein*, sieht Ginzkey »das groteske Lied«, ein Jahr nach der Wiederherstellung der österreichischen Souveränität, als »folgenrichtigste Empörung gegen die Trümmer der Zerstörung und das, was uns zur Zeit geschieht«[4]. Bereits 1948 erschien im ebenfalls NS-belasteten Leopold Stocker Verlag seine autobiographische Publikation *Der Heimatsucher*, die er nicht als Autobiographie, sondern als persönliches Bekenntnisbuch verstanden wissen wollte, unter ausgiebiger Selbstbeweihräucherung und Auslassung all seiner nationalsozialistischen Anbindungen.[5]

Wo der Stocker Verlag zu dieser Zeit stand, beschreibt der Literaturwissenschaftler Murray G. Hall in seiner *Österreichischen Verlagsgeschichte* folgendermaßen: »Der Tod Hitlers und das Ende des Kriegs taten der Begeisterung des Leopold Stocker für den Führer keinen Abbruch. Er pflegte Kontakt zur Neonazibewegung 1946 (...), für die der Nationalsozialismus zwar aufgeschoben, aber nicht aufgehoben war. In Zusammenhang mit einer Reihe von ›Neonaziprozessen‹ in Graz 1948–49 war vom Verlagsbesitzer Stocker die Rede. So leitete die Grazer Staatsanwaltschaft gegen Stocker ein Strafverfahren ein wegen des Verdachtes der Illegalität in Verbindung mit dem § 11 V.G. sowie des Verdachtes der Mitwisserschaft an der Neonazibewegung (...) in der Steiermark. Nach Prozeßberichten verbrachte Stocker vier Monate in Untersuchungshaft und drei Monate in Hausarrest. (...) Stocker empfand die Entwicklung nach dem Krieg als ›Siegerjustiz‹ und war nicht gewillt, da mitzumachen und sich verlegerisch dem ›Diktat‹ zu beugen. Er schwor fortan, die alte Linie seines Verlags fortzusetzen und ausschließlich völkisch-nationale Autoren zu fördern.«[6]

Und nun erwartet sich nach all diesen für Interessierte leicht zugänglichen Informationen die niederösterreichische Landesregierung allen Ernstes, dass sich die von ihr ausgezeichneten Autorinnen und Autoren bei ihrer alljährlichen groß aufgezogenen Kulturpreisverleihungsgala, an deren Schluss die Landeshymne gesungen wird, zur Hymne erheben, um dem Land und seinem Hymnendichter die Ehre zu erweisen, einem Dichter, der den österreichischen PEN-Club verließ, weil sich dieser gegen die Bücherverbrennungen der Nationalsozialisten ausgesprochen hatte, und der auch nach 1945 nicht von seinem völkischen, großdeutschen Denken abrückte, sondern im von der Österreichischen Nationalbibliothek als »rechtsextrem« und »neonazistisch« eingestuften *Eckartboten* ab dessen erstem

Erscheinungsjahr 1953 bis zu seinem Tod veröffentlichte und veröffentlicht wurde. Durchaus auch in Berufung auf ihn, worauf weitere Veröffentlichungen im *Eckartboten* bis 1988, zu einem Zeitpunkt, als literarische Beiträge in dieser Zeitschrift schon selten wurden, hinweisen.

Welche Bedeutung Franz Karl Ginzkey als Autor heute hat, kann dem Literaturbetrieb, dem Literaturpublikum und der Literaturwissenschaft überlassen bleiben, ihn als Repräsentanten eines Hoheitszeichens eines österreichischen Bundeslandes zu führen, war und ist und bleibt mehr als problematisch, nämlich falsch, weil bei Ginzkey nicht einmal geklärt ist, ob ihm die Eigenständigkeit Österreichs je ein Anliegen war. Auf Belege dafür, ob und wodurch sich Ginzkey bei Infragestellungen der Eigenständigkeit Österreichs auf der Seite Österreichs befand, darf man gespannt sein.

Auch ohne Bücher im Buchhandel und ohne Anerkennung durch die Literaturwissenschaft ist Ginzkey nach wie vor im öffentlichen Leben präsent, angefangen mit der Franz-Ginzkey-Straße in Tullnerbach-Lawies, der Ginzkeystraße in Wels und Linz, der Ginzkeygasse in Graz, dem Ginzkey-Weg und Ginzkey-Denkmal in Seewalchen, bis zum Ginzkey-Hof in Wien und dem Ginzkey-Platz in Salzburg. Sein ursprüngliches »Ehrengrab« am Wiener Zentralfriedhof wurde inzwischen zu einem »historischen Grab« herabgestuft. Ein weiterer Versuch, den Namen Ginzkeys durch die Benennung eines Schulzentrums in Seewalchen, wo er einen Wohnsitz hatte, öffentlich zu verankern, scheiterte 1988 am öffentlichen Widerstand. Die einzige ihm verbliebene Prominenz verdankt er dem Umstand, dass er der Verfasser der niederösterreichischen Landeshymne ist.

Dass es überhaupt dazu kommen konnte, Ginzkey zum Autor der Landeshymne zu machen, ist sicher auch auf seine Mitwirkung im ständestaatlichen Staatsrat zurückzuführen, die ihm in der NS-Zeit vorgeworfen wurde: Seine Tätigkeit als Staatsrat wurde Ginzkey im Nationalsozialismus von einigen negativ angerechnet, so schrieb Kurt Künkler im April 1938 in den *Wiener Neuesten Nachrichten*, dass Ginzkey als Dichter »konsequenter war als in seiner politischen Haltung, die mitunter schwankte«[7]. Dagegen setzte sich Ginzkey, der »hierin einen schweren Vorwurf gegen s[m]eine nationale Ehre und s[m]einen guten Ruf als deutscher Dichter und deutscher Mensch erblick[t]e«, im *Salzburger Volksblatt* (und in anderen Zeitungen) zur Wehr. Er habe die Funktion nicht bekleiden wollen, sei aber berufen worden. »Ich bekannte mich im Staatsrat offen und rückhaltlos als nationaler Dichter.« Die nationalen Staatsräte hätten im »Reich« angefragt, es sei ihnen beschieden worden, dass es »für die deutsche Sache durchaus von Vorteil« sei, »wenn Männer unserer Art im Staatsrat wären, weil sie manches verhindern und manches auch wieder gut machen könnten«. Daher habe er sich »die ganze Zeit hindurch, s[m]einer nationalen Gesinnung gemäß«, betätigt. »Ich unterhielt auch rege Verbindung mit zahlreichen Männern nationaler und nationalsozialistischer Gesinnung, wofür ich jederzeit die nötigen Beweise erbringen kann.«[8]

Es gibt inzwischen nicht nur literaturwissenschaftliche, sondern auch allgemein öffentlich zugängliche Quellen über die NS-Anbiederungen und NS-Anbindungen Ginzkeys, wie den Schlussbericht *NS-belastete Straßennahmen in der Stadt Salzburg* auf der Website der Stadt Salzburg, die ebenso detailliert Auskünfte sowohl über seine

NS-Belastungen wie über seine schon ab den 1920er Jahren hochaktive anti-österreichische Einstellung geben: »Ginzkey war nach dem Ersten Weltkrieg ein Vertreter des Anschlusses an das Deutsche Reich, den er als ›kulturelle Notwendigkeit‹ betrachtete. Daher engagierte er sich 1921 für die Volksabstimmungen über einen Anschluss und fand dafür folgende Verse: ›Große Stunde, die ich meine, tritt hervor und werde Licht! / Daß sich Stamm dem Stamm vereine, bess're Heimat weiß ich nicht. / Haß der Welt und Sklavenschande heißt das Leid, das uns geschah, / Nimm Dein Kind vom Donaustrande an dein Herz, Germania.‹«[9]

Der Grazer Germanist Gerhard Fuchs, der sich als Angehöriger der Wissenschaftskommission zur Untersuchung der Belastung der niederösterreichischen Landeshymne eingehend mit dem Werk Ginzkeys beschäftigt hat, resümiert seine Beschäftigung damit so: »Ginzkey eignet sich nicht zu einer repräsentativen Autorenfigur für identitätsstiftende Repräsentationstexte wie Hymnen und ist aufgrund der zunehmenden Radikalisierung konservativ-nationalistischer Denkmuster hin zu einer durchaus NS-kompatiblen Schreibweise, der auch nach 1945 keine Korrektive zur Seite gestellt wurden, als sehr problematisch zu bezeichnen.«[10]

Dem ist nichts mehr hinzuzufügen, außer: Die niederösterreichische Landesregierung sollte nicht nur auf der Website des Landes Vorbehalte gegen ihren Hymnendichter äußern und sich in öffentlichen Äußerungen selbst ein Unbedenklichkeitszeugnis für ihren Hymnentext ausstellen, sondern sich der Schlussfolgerung von Gerhard Fuchs anschließen und zu einem anderen Hymnentext mit einem anderen Autor oder einer anderen Autorin kommen. Und sie sollte bis dahin auch die Darstellung der Entstehungsgeschichte des Textes ihrer Hymne auf ihrer Website korrigieren. Der Text wurde nicht, wie es dort heißt, »schon seit 1948 zu einer Melodie des Geraser Prämonstratenser Chorherrn P. Milo Offenberger als inoffizielle Landeshymne bei verschiedensten Anlässen gesungen«. Denn das war nicht möglich: Die Entwürfe zum Text der Hymne und der daraus entstandene Hymnentext Ginzkeys entstanden erst 1955.[11]

Steirische Landeshymne

Hoch vom Dachstein an, wo der Aar noch haust,
bis zum Wendenland am Bett der Sav'
und vom Alptal an, das die Mürz durchbraust,
bis ins Rebenland im Tal der Drav'
Dieses schöne Land ist der Steirer Land, ist mein liebes teures Heimatland,
dieses schöne Land ist der Steirer Land, ist mein liebes, teures Heimatland!

Wo die Gämse keck von der Felswand springt
und der Jäger kühn sein Leben wagt;
wo die Sennerin frohe Jodler singt
am Gebirg, das hoch in Wolken ragt
Dieses schöne Land ist der Steirer Land, ist mein liebes teures Heimatland,
dieses schöne Land ist der Steirer Land, ist mein liebes, teures Heimatland!

Wo die Kohlenglut und des Hammers Kraft,
starker Hände Fleiß das Eisen zeugt
wo noch Eichen stehn, voll und grün von Saft
die kein Sturmwind je noch hat gebeugt
Dieses schöne Land ist der Steirer Land, ist mein liebes teures Heimatland,
dieses schöne Land ist der Steirer Land, ist mein liebes, teures Heimatland!

Wo sich lieblich groß eine Stadt erhebt
hart am Atlasband der grünen Mur,
wo ein Geist der Kunst und des Wissens lebt,
dort im hehren Tempel der Natur
Dieses schöne Land ist der Steirer Land, ist mein liebes teures Heimatland,
dieses schöne Land ist der Steirer Land, ist mein liebes, teures Heimatland!

Evelyn Schalk

Wenn eine Hymne Grenzen sprengt

Hundert Jahre steirische Realitätsverweigerung

Mit der steirischen Landeshymne ist es so eine Sache. Sie laboriert seit dem ersten Tag ihres Daseins ganz faktisch an Realitätsverweigerung, was die gleichzeitig monarchienostalgischen und deutschtümelnden Strophen – in ihrer Festschreibung der eigenen Identitätskrise als Dauerzustand – wiederum zu einer allzu österreichischen Hymne macht. Das allerdings dürfte ihr Verfasser, der Grazer Buchhändler und Verleger Jakob Franz Dirnböck, nur teilweise intendiert haben, als er den zehnstrophigen Liedtext 1844 zu Papier brachte. Vom Domorganisten Ludwig Carl Seydler vertont, wird das Stück erstmals anlässlich des 25-jährigen Bestehens der Steiermärkischen Landwirtschaftsgesellschaft von einem vierstimmigen Männerchor vorgetragen. Aus diesem Anlass veröffentlicht Dirnböck zudem eine Lithographie mit Tondruck, die den Text ausgerechnet auf eine lange Fahne gesetzt zeigt, die vom Giebeldach eines Wirtshauses wallt, das Ganze umgeben von idyllisierten ländlichen Szenerien, überblickt von den Porträts Erzherzog Johanns, des Reichsgrafen von Wickenburg sowie des Grafen von Attems.

Die also auch visuell stammtischkonforme Erstveröffentlichung der späteren Steiermarkhymne korrespondiert mit Dirnböcks Weltbild, der »ein spätaufklärerisches, liberales Fortschrittsdenken, allerdings eingebettet in ein christlich-konservatives Familienbild«[1] vertritt. Dementsprechend ist der Grundtenor des Textes angelegt – während die Erträge der fortschreitenden Industrialisierung gepriesen werden, lebt im nicht namentlich genannten Graz »ein Geist der Kunst des Wissens«, aber nur als Regung »im hehren Tempel der Natur«, also dem göttlichen Ursprung untergeordnet. Dermaßen antiquiert ist auch das familiäre und gesellschaftliches Rollenbild im Text: »Wo auf Mädchenwang noch das Schamroth spielt / Und die Hausfrau klug den Segen mehrt« definiert hier das rückwärtsgewandte Frauenbild. Denn, so der Germanist Gerhard Fuchs: »Dieser Tugendkatalog von deutscher Charakterstärke, Frommheit, Scham und Hausfrauentum, der vor allem dem weiblichen Geschlecht übergestülpt wird, war nicht einmal 1844 in diesen Belangen vergleichsweise doch einigermaßen hinterwäldlerischen Graz unwidersprochener common sense.«[2]

Dass just zu Beginn derselben Strophe auch der deutschtümelnde Impetus durchschlägt, wundert kaum – »Wo noch deutsches Wort und Handschlag gilt / Frommer Sinn noch herrscht und Tugend währt«. Wurde Graz doch im »Rahmen des immer stärker werdenden Nationalitätenkonflikts in der Österreichisch-Ungarischen Monarchie (...) zur ›deutschesten aller deutschen Städte‹ verklärt«[3], und von deutscher Frömmigkeit und Tugend ist es zur biederen Rolle der Frau nur ein Zeilensprung.

Dazu passt auch die Ähnlichkeit des gängig gewordenen Titels zum *Lied der Deutschen*. Hatte Dirnböck seine Verse mit »Der Steirer Land. Hoch vom Dachstein.«

überschrieben, wurde es bald zum *Dachsteinlied*, ähnlich wie das nur drei Jahre zuvor 1841 von Fallersleben verfasste *Deutschlandlied*[4], das wiederum zur Melodie von Haydns Kaiserhymne gesungen bis heute die deutsche Nationalhymne geblieben ist. Während der Habsburgermonarchie gab es im Übrigen keine National- bzw. Landeshymnen.

Bereits Ende des 19. Jahrhunderts wird vehemente Kritik am steirischen Deutschnationalismus laut. So setzt *Kikeriki*, das *Humoristische Volksblatt*, 1898 eine Version des *Dachsteinliedes* aufs Titelblatt, mit dem Refrain: »Denn dies schöner Land ist, wie allbekannt, / unser schwarz-roth-gold'nes Steirerland.« Weiters tauchen deutsche Faust und Kampflust im Text auf.[5]

Auch von slowenischer Seite gibt es kritische Stimmen, so veröffentlicht etwa die Marburger Zeitung *Slovenski Narod* schon 1871 einen literarisierten Reisebericht, dessen Protagonist während der Zugfahrt durch die Obersteiermark zwar zunächst »Hoch vom Dachstein« in den Sinn kommt, ihm dann allerdings einfällt, dass die gesamte Region einst slowenisch gewesen war, man nun sogar die im südlichen Landesteil verbliebenen Slowenen dort nicht haben wolle. Er beginnt, das Volkslied *Kje dom je moj?* über die eigene Heimatverbundenheit zu summen.[6]

Der Verbreitung des *Dachsteinliedes*, vor allem durch die Sängerbünde, tut all das keinen Abbruch, es wird mit diversen regional angepassten Texten versehen und gelangt bis nach Übersee. So überdauert es den Zerfall der Habsburgermonarchie und den Ersten Weltkrieg. 1929 sind es, welch Überraschung, die Konservativen, die unbedingt das *Dachsteinlied* als steirische Landeshymne einsetzen wollen. Dass die gleich in der ersten Strophe besungene Grenzziehung nach dem Vertrag von Saint-Germain längst nicht mehr zutreffend ist, wird beharrlich ignoriert. Die Christlich-Sozialen bestehen auf dem Ursprungstext: »Hoch vom Dachstein an, wo der Aar noch haust, / bis zum Wendenland am Bett der Sav' / und vom Alptal an, das die Mürz durchbraust, / bis ins Rebenland im Tal der Drav'.«

Widerstand kommt aus der Sozialdemokratie. Ihre Vertreter kritisieren den veralteten Text sowie die Funktion als Heimwehrlied. Die deutschnationale Bedeutung streiten die Konservativen nicht einmal ab, im Gegenteil. In der betreffenden Landtagssitzung betonen sie wörtlich: »(…) es gibt kein Steirerlied, das so sehr von jedem Steirer gekannt wird, das außerdem überall, wo Deutsche wohnen, als das Steirerlied, eben als die steirische Nationalhymne bekannt ist wie das Dachsteinlied.« Die Sozialdemokraten werden überstimmt und sechs, später vier Strophen von »Hoch vom Dachstein« zur steirischen Hymne erhoben.

Im Jahr 1931 veröffentlicht die sozialdemokratische *Arbeiter-Zeitung* eine bittere Anklage, in der der Autor Wenzel Sladek *Radetzkymarsch* und *Dachsteinlied* im *Chor der Bundesführer* nach dem gescheiterten rechtsextremen Pfrimer-Putsch[7] miteinander in Beziehung setzte:

Wir haben halt leider den Weltkrieg verloren,
da kann man nichts machen es ist schon geschehen.
Das Volk hat uns jetzt als die Retter erkoren
zum zweitenmal wird es schon besser gehen.
Uns führen die reinsten Zelebritäten
mit Ideal und Maschinengewehr
und lassen als Sturmsignal trompeten
den Radetzkymarsch hoch vom Dachstein her. (…)[8]

Auch im Satiremagazin *Kikeriki* wird immer wieder, meist in Kombination mit Karikaturen, auf das *Dachsteinlied*, sein Festklammern an imperiale Zeiten und Grenzverläufe sowie seine Verbindung zur Heimwehr verwiesen.[9]

Die vermeintliche k.u.k.-Nostalgie trägt in der Steiermark dezidiert antislowenische Züge. Dass es sich dabei keineswegs um eine eingebildete Bedrohung handelt, stellt der Historiker Igor Grdina 2006 fest[10] und verweist auf die Annexion der Untersteiermark/(Spodnja) Štajerska durch die Nazis 1941. Diese wurde entsprechend propagandistisch gefeiert. So bejubelt die Werkszeitung von Böhler die »Befreiung« aus »völkischer Unterdrückung«.[11] Die *Murtaler Zeitung* zitiert Dankesworte an den Führer für die Rückgewinnung der Untersteiermark, die ein »Bollwerk gegen den Südosten« gewesen und nun endlich heim ins Reich geholt worden sei.[12] Jedes Mal wird das »alte Steirerlied«, die »vertraute Hymne« genannt, die nun endlich wieder völlig »mit Recht« gesungen werden könne. Ganz besonders stolz verkündet man anlässlich eines Steiermark-Besuchs Hitlers: »Der Führer war sichtlich erfreut, als das Lied ›Hoch vom Dachstein‹ gesungen wurde.«[13]

Doch selbst nach Ende des Zweiten Weltkriegs sieht niemand eine Veranlassung, die Berechtigung der steirischen Hymne in Frage zu stellen. Das mag einerseits an der »Kontinuität deutschnationaler Publikationen nach dem Zweiten Weltkrieg (...) bis in die 1970er und 1980er Jahre« liegen.[14] Aber auch zur grassierenden Heimatidyllisierung, die in Filmen, Musik und Mode zelebriert wird, passt das Lied wunderbar. Ich erinnere mich an ein Interview mit dem Kabarettisten und Musiker Gerhard Bronner 2006, in dem er erwähnt, nie so viele Trachten in den Straßen Wiens gesehen zu haben, wie unmittelbar nach Kriegsende. Das gilt umso mehr für die Steiermark. Auf die Dekonstruktion von Heimatliteratur und Vergessen zielen auch die 1989 erschienenen *Idyllen* Ernst Jandls. Darin publiziert er das Gedicht:

wo in mir der zeisig haust
zischt ein naß von kahlen wänden
mischt sich mit dem fluss, der rauscht,
und die löwin hält und lauscht
ob denn nie die wüsten enden
die ein magisch luftbild senden
mir, der staub mit staub vertauscht
bis der wind den vorhang bauscht
dran die zarten mücken hängen

hier wollt ich nicht sein noch wohnen
wo des niesens explosionen
jeden schritt ins haus begleiten
– – – – – – – – – – – – – – – –
– – – – – – – – – – – – – – – –

Das Land ist durch das eigene Ich ersetzt, statt des Aars beheimatet es einen Mercutio'schen Zeisig[15], den er Benvolio in *Romeo und Julia* entgegenschleudert: »Du bist mir so ein Zeisig, der, sobald er die Schwelle eines Wirtshauses betritt, mit dem Degen auf den Tisch schlägt und ausruft: ›Gebe Gott, daß ich dich nicht nötig habe!‹« Und weiter entzaubert er das selige Hymnenbild vom Gasthaustisch, wenn vom Fluss nur die nassen Wände eines krankheitsverbreitenden Hauses bleiben, von dem er angewidert Abstand hält ...

Doch das verstaubte Luftbild täuschend-magischer Heimatidylle verbreitet weiter seine infizierten Mückenschwärme, und so wird der erste einigermaßen ernsthafte Versuch einer Modernisierung der steirischen Landeshymne erst 2004 gestartet. Angesichts des bevorstehenden EU-Beitritts Sloweniens sieht sich Landeshauptfrau Waltraut Klasnic wohl bemüßigt, zwar nicht die gesamte Hymne zu ersetzten – Gott und Aar bewahre –, aber zumindest die geographische Realitätsverweigerung der ersten Strophe nach über 75 Jahren zu tilgen. Sogar der Sängerbund unterstützte das Vorhaben, nicht zuletzt, weil das hohe As im Refrain, wie schon in der Debatte 1929 von Kritikern argumentiert, schwer zu singen und erst recht von Laien kaum zu treffen sei. In einer Online-Abstimmung spricht sich eine nahezu hundertprozentige Mehrheit für die Änderungen der veralteten Grenzpassagen aus, neue Textvorschläge werden von diversen Seiten eingebracht. Allein das Ansinnen scheitert, kaum überraschend, an der FPÖ. Die zieht gegen jegliche Änderung der Landeshymne ins Feld, ortet einen »Anschlag auf das Heimatgefühl der Steirerinnen und Steirer« und behauptet, die angepeilte Modernisierung würde mit »traditionellen Werten« brechen. Diese umfassen nach FPÖ-Verständnis auch die Beibehaltung der spätestens seit 1920 veränderten Grenzziehung. Ausgerecht in diesem Kontext verweisen sie auf den gleichnamigen Landesteil Sloweniens, die Štajerska. Was die FPÖ naturgemäß nicht erwähnenswert findet, ist die Existenz der slowenischsprachigen österreichischen Steiermark und die Rechte ihrer Bevölkerung, die in Artikel 7 des Staatsvertrags festgeschrieben sind.

Darauf wird in der Ausstellung »ŠTAJER-MARK« des Graz Museum 2019 hingewiesen. In dieser ist zudem eine interaktive Skulptur von David Kranzelbinder aus Schläuchen und Postkartenreproduktionen aus der Untersteiermark zu sehen, ein Geschichtsstrudel mit schwarzen Löchern, die für das Verdrängen, Vergessen, Nicht-Auseinandersetzen stehen. Die steirische Landeshymne wird darin auf Slowenisch von Aniada a Noar intoniert. Der Vorstoß Klasnics endet übrigens mit der Verhängung einer Probezeit, nach der es still wird um die Modernisierung. Und die offenbar bis heute andauert ...[16]

Der bislang letzte hymnische Bock wird im Jahr 2020 am Spielbergring geschossen. Bevor das Rennen startet, setzen Fahrer, allen voran Lewis Hamilton, ein Zeichen gegen Rassismus in Solidarität mit der Black-Lives-Matter-Bewegung und knien nieder, auf ihren Shirts ist »End Racism« zu lesen.[17] Unmittelbar danach wird das *Dachsteinlied* angestimmt – heiser, inbrünstig und ausgerechnet von Andreas Gabalier, der immer wieder mit rechtspopulistischen Aussagen auffällt.

2023 schließlich kreiert der Komponist Christian Kolonovits, wiederum für die Formel 1, eine Verschmelzung von *Dachsteinlied* und Bundeshymne. »Die Vision nun gemeinsam mit Red Bull zum Leben erwecken zu dürfen, ist für mich ein Privileg und macht mir unglaublich viel Freude«[18], so Kolonovits wahrlich hymnisch. Endlich – die geflügelte Steiermarkisierung der Nation!

Oder wäre es vielleicht doch an der Zeit für eine Štajerskarisierung ...

OBERÖSTERREICHISCHE LANDESHYMNE

Hoamatland, Hoamatland,
di han i so gern!
Wiar a Kinderl sein Muader,
a Hünderl sein Herrn.

Duri's Tal bin i glafn,
afn Hügl bin i glegn,
und dein Sunn hat mi trickert,
wann mi gnetzt hat dein Regn.

Dahoam is dahoam,
wannst net fort muaßt, so bleib.
Denn die Hoamat is ehnter,
der zweit Muaderleib.

Ludwig Laher

Der abtreibungsresistente Judenbandwurm

Die langen Schatten einer Landeshymne

1952 jährt sich Franz Stelzhamers Geburtstag zum 150. Mal. In Volkskulturkreisen seiner Heimat Oberösterreich genießt der vorwiegend als Mundartdichter bekannte, als unverwechselbare Persönlichkeit legendäre Autor seit Jahrzehnten hohes Ansehen. Der Stelzhamerbund, 1882 gegründet, umtriebig und vielerorts präsent, kann auf eine stolze Mitgliederzahl verweisen. Sein gegenwärtiger Obmann Hans Commenda, ein sub auspiciis promovierter Germanist, ist es auch, der federführend und erfolgreich die Beschlussfassung einer Landeshymne betreibt, die aus einem Gedicht Stelzhamers in der Vertonung von Hans Schnopfhagen bestehen soll.

Commenda hat soeben eine umfangreiche, bald auch als Buch veröffentlichte Studie zu Leben und Werk des Dichters vorgelegt und bildet sich darin zum Beispiel folgendes bemerkenswerte Urteil über fünf essayistische Texte Stelzhamers, die der Autor unter einem Sammeltitel auf fünfzig Seiten veröffentlicht hat: »Im Abschnitt ›Sibyllinisches‹ seines 1852 erschienenen Werkes ›Das bunte Buch‹ vereinte Stelzhamer eine Reihe von politischen Rück-, Um- und Ausblicken, die geradezu verblüffen durch die Mischung zeitgebundener Vorurteile und seherischer Zukunftsblicke.

Meist erst nach dem Jahre 1848 verfaßt, greifen sie doch auf dessen Ereignisse zurück und erweisen ihren Verfasser auch auf dem Gebiete der Politik als tiefen, selbständigen Denker.« Commenda zählt alle fünf dieser tiefen, selbständigen Denkergüsse auf: »1. Freiheit, Gleichheit, Brüderlichkeit (die alte Schlangenlehre); 2. Antichrist; 3. Sphynx; 4. Jude; 5. Der große deutsche Männerchor.« Womit also verblüfft Franz Stelzhamer darin im einzelnen?

Im ersten polemisiert er gegen die aufklärerischen, von der französischen Revolution in die Schlagworte Freiheit, Gleichheit und Brüderlichkeit gekleideten Ideale. Der zweite entlarvt den modernen Antichristen: »Es ist der Communismus, hervorgegangen aus dem Schooße des Socialismus.« Der dritte Aufsatz warnt vor Allmachtsphantasien des Menschen und beinhaltet durchaus erwägenswerte Überlegungen, etwa wenn der Autor prophezeit: »Der Anfang der Luftschiffahrt wird sein, wenn sich der kostbare und kostspielige Dampf, und was heut oder morgen an seiner Statt treiben und bewegen muß, schon **vollkommen** und **bestens** rentirt haben wird.« Der fünfte hat eine erbitterte nachträgliche Absage an die von Stelzhamer ursprünglich begrüßte Revolution 1848 zum Kern, während der vierte eindeutig den Genozid an den Juden als probates Mittel zur Bekämpfung dieser scheinbaren Menschheitsplage ins Spiel bringt.

»Kein Volk der Erde hat nach seinem politischen Ableben mit einer solchen Zähigkeit, ja völligen Unumbringbarkeit fortgedauert, wie der Jude. Wo ist die Blüthe der Menschheit, der edle Grieche, wo ist die Kraft der Menschheit, der riesige Römer? Wo ist das Volk, das die ewigkeittrotzenden Pyramiden thürmte und ihre Wände beschrieb mit den unauflöslichen Hieroglyphen. (...) Verschwunden. – Verhallt wie brausende Stürme, wie reißende Wässer abgelaufen! Der Jude, der so Großes nie gethan – etwa weil er es nicht gethan hat? – besteht. Besteht in zahlloser Menge und mit unberechenbarem Einfluß auf die Geschicke der Völker. Scheinbar ohne politisches Recht, ohne politischer Macht, legt er doch, so oft die Wagschalen schwanken, sein materielles Gewicht auf diese oder jene Seite und bringt die Wage wieder zum leidlichen Stillstand. – In alle Welt zerstreut, schlingt er sich, bald dünner, bald breiter, immer aber in innigstem Zusammenhang in fast unerforschlichen Windungen und Krümmungen, ein Riesenbandwurm, um die Ernährungsorgane eines jeden kultivirten Staatskörpers, und wie oft man ihn auch abzutreiben versucht hat, man gewann, nicht so glücklich wie beim kleinen im menschlichen Körper, bis jetzt nur größere oder kürzere Stücke, nie aber den Kopf selbst.«

Keine acht Jahre nach dem Außerdienststellen der Gaskammern attestiert sein Biograph Hans Commenda Franz Stelzhamer mit ausdrücklichem Bezug auch auf dessen Judenessay ernsthaft, ein tiefer, selbständiger Denker zu sein. Es handle sich in »seiner eigenwilligen, rein persönlichen Art, die Dinge zu sehen, um verblüffende Geistesblitze«.

Zu den Schutzbehauptungen derer, die den Landtagsbeschluss von 1952 verteidigen, ausgerechnet einen radikalen Antisemiten wie Franz Stelzhamer im ehemaligen Heimatgau des Führers zum Hymnenschöpfer zu befördern, gehört die Beteuerung, von dessen Abgründen hätten die Entscheidungsträger ganz einfach keine Ahnung gehabt. Das ist für manche vielleicht gar nicht so falsch. Wahrscheinlicher ist freilich auch auf Seiten der Politik eine Grundhaltung des Achselzuckens, wie sie Hans Commenda in seiner Einschätzung an den Tag legte: Na ja, zeitgebundene Vorurteile halt. Deren Millionen Opfer von neulich haben mit Österreich, dem allergrößten Opfer, nichts zu tun.

Auch viele andere von Stelzhamers Texten geben Auskunft über seine judenfeindliche Gesinnung, darunter etliche in Mundart, die eine wesentlich breitere Rezeption erfahren haben als seine hochdeutschen Arbeiten. Hier eine kleine Auswahl:

In dem von der Linzer Interessengemeinschaft für Regional-, Kultur- und Tourismusentwicklung Kultur plus erst 2006 ohne Kommentierung wieder edierten Werk *Mein Gedankenbuch* von 1845 etwa heißt es: »Die Juden mögen sich im Gefühle ihrer Einzigartigkeit und Auserwähltheit für Vögel; wir im Dünkel unserer Neuheit und größeren Läuterung aber sie für Mäuse erklären: so stimmen wir und sie doch darin überein, daß ein getaufter Jud eine Fledermaus sei.« Derlei ließe sich, für sich genommen, als peinliche, aber typische Ausdünstung eines die Zeiten überdauernden Alltagsantisemitismus abtun, war doch Stelzhamers ungenierter Gebrauch einschlägiger geflügelter Worte – »Dás ganz Walschland schaut aus wierá Judenschul« – noch in meiner Jugend gang und gäbe, ganz im Gegensatz zur von wegen Ermordung und Vertreibung längst inexistenten Judenschule selbst, weshalb Kinder wie ich sich darunter rein gar nichts vorzustellen wussten, außer dass es dort fürchterlich zugehen musste. Wie in Italien eben, das der Autor mit dem Walschland meint.

Bemerkenswert ist Stelzhamers Faible für die Verwendung des Begriffes Jude als wenig schmeichelhafte Metapher für die Zeit, deren von ihm beklagte jüdische Falschheit wir Menschen seiner Einschätzung nach oft zu spät bemerken, vorzugsweise dann nämlich, wenn wir jäh und vor allem völlig unerwartet mit der Nase auf die Vergänglichkeit alles Irdischen, auf Alter und Verfall gestoßen werden. Sowohl in seiner Prosa (»der betrügerische Jude: Zeit«) als auch in seiner Lyrik (»Der größte Jud – aber ist die Zeit«) gefällt er sich darin, dieses ungustiöse Bild zu strapazieren. Und da er nicht die geringste Veranlassung sieht, den Zusammenhang zwischen seiner sehr speziellen Version des Memento mori-Gedankens und dem Judentum zu erläutern, darf vorausgesetzt werden, dass seine Rezeptionsgemeinde die nötigen Assoziationen ohnehin parat hatte, musste sie doch beim Karteln am Stammtisch nach dem Mischen selbst oft einen Jud entdecken: eine versehentlich umgedrehte, also falsche Spielkarte im Stapel.

Franz Stelzhamer bestärkt seine Leser- und Zuhörerschaft in der Dämonisierung DES Juden, wo er kann. Wenn sein christlich-lyrisches Mundart-Ich die Macht hätte, wäre dem betrügerischen Juden, dem elendiglichen Zinswucherer, längst schon das schmutzige Handwerk gelegt: »Kain Mensch wár mehr schuldi, / Kain christlige Seel / Sollt dá Jud mehr einschächern! / Das wár mein Befehl.« Gern bemüht der unermüdliche Mahner auch die Tierfabel, um eindringlich zu warnen: »Und so wahrlich steht es zu befürchten, daß der Jude am Ende wohl – nichts sein, aber – Alles haben werde und – dann ereignet sich der sogar in der Fabelwelt unerhörte Fall, daß König Löwe mit seinen Vasallen: Tiger, Panther, Bär; mit seinen Reichsräthen: Elefant, Pferd, Fuchs, kurz mit seinem ganzen Hofstaat und gesammeltem Volke zum Hamster – betteln gehen muß!« Selbst mit solchen Weisheiten bewegt Stelzhamer sich leider, wenn schon nicht im Mainstream der Zeit, so doch auf jenem beklagenswert dürftigen Niveau, das man damals in weiten, selbst gebildeten Kreisen keineswegs als anstößig empfand.

Der Essay *Jude* lässt sich jedoch auch bei Nachsicht aller Taxen nicht mit der Gnade früher Geburt entschuldigen. Siebzig Jahre vor Abfassung von *Mein Kampf* werden darin die zentralen, ebenso absurden wie verfänglichen Thesen Hitlers über das elende Schmarotzen und die großangelegte Verschwörung des plutokratischen Weltjudentums von seinem engeren Innviertler Landsmann Franz Stelzhamer, der wiederholt hochgepriesenen Verkörperung oberösterreichischer Wesenheit, in verblüffend ähnlichen abstoßenden Formulierungen vorweggenommen, und das gleich samt der probaten Beseitigung des Problems durch die später mit dem zynischen Tarnbegriff »Endlösung« umschriebene Beseitigung von Millionen Menschen.

Beide hetzen gegen DEN Juden bevorzugt in der generalisierenden Einzahl. Sogar die ekelerregende Tiermetaphorik unterscheidet sich kaum. Für Hitler war der Jude bekanntlich »immer nur Parasit im Körper anderer Völker«, den »von ihm angefressenen Völkern« gilt des Führers Sorge, ist der Jude doch verschlagen und vor allem unersättlich: »Seine blutsaugerische Tyrannei wird so groß, daß es zu Ausschreitungen gegen ihn kommt.« Stelzhamer kann Hitler ein Menschenalter zuvor da nur zustimmen und geifert seinerseits: »Die Völker ringen um Vorrang und Macht, die Völker wetteifern in Kunst und Wissenschaft, in Entdeckung und Erfahrung, die Völker opfern Gut und Blut für Fürst und Vaterland; der Jude sieht zu, zufrieden, daß er heute oder morgen, da oder dort seinen Bandwurmrüssel, gleichviel, an die offene Wunde, oder an die Errungenschaft anlegen kann und – saugen.«

Der begabte Kleinhäuslersohn Franz Stelzhamer, 1802 geboren, stammt aus dem südlichen Innviertel. Nach dem Besuch des Akademischen Gymnasiums in Salzburg fängt er verschiedene Studienrichtungen an, bricht sie aber schnell wieder ab und beginnt ein unstetes Leben, versucht zeitweise, als Schauspieler zu reüssieren, und gewinnt schließlich als Mundartdichter eine beträchtliche Anhängerschaft, die der begnadete Interpret eigener Werke mit seinem Vortrag in Bann zu schlagen versteht. Manche von ihnen sind tatsächlich poetische Glanzstücke, viele dienen lediglich der Unterhaltung des Publikums und strotzen nur so vor Klischees und unreflektierten Vorurteilen.

Jung verliebt Stelzhamer sich in eine Jüdin und kommentiert das schnelle Ende der Beziehung so: »Sogar Judenevchen scheint mir schon wieder erkühlet, was mir liebende Zuneigung Schien, ist nur Triumph ihrer Eitelkeit. Das Judengesinde hat kein Herz.« Er macht laufend Schulden, zahlt sie nicht zurück, lebt in Großstadthotels in Saus und Braus, während Frau und Kind daheim in Ried am Hungertuch nagen und früh sterben.

Stelzhamers literarische Arbeit wird anfangs von prominenten jüdischen Unterstützern wie Ludwig August Frankl tatkräftig gefördert, dem er ebenfalls Geld aus der Tasche zieht, ohne die versprochene Leistung in Form von Zeitschriftenbeiträgen zu liefern. Der bekannte, aus Hohenems stammende Wiener Oberkantor Salomon Sulzer widmet dem Dichter sogar einen Freundschaftspokal. Auf Sulzer bezieht sich folgender Briefausschnitt von 1849, der im

Hinblick auf Stelzhamers Charakter Bände spricht: »Mein ganzes Vermögen bestand in 1 Viertel Banknote das Schiff wußte ich mir ohnehin gratis zu verschaffen – so kam ich nach Wien, und wo meinst Du wohl, daß ich meine Einkehr genommen? – Beim Juden Sulzer. Ich hatte ihn von Linz aus bereits von meiner Ankunft unterrichtet und so ging ich denn wiewohl nicht ohne Bangen bei schon eingebrochener Dämmerung zu ihm und – ward freundlich aufgenommen. Aber mein liebes Weib das waren bis auf 3 Tage von jetzt, schlimme Tage: Die düstere Seitenstättergasse, das Kindergeschwurr und – er hatte nichts anderes – das elende Liegen Nachts auf einem zu kurzen alten Kanapee unter einer schlechten unapetitlichen Decke.«

Nur drei Jahre später veröffentlicht jener Mann, dem es trotz Beschwerden über die dürftige Qualität der Gratisunterbringung in beengten Wohnverhältnissen durchaus recht war, bei einem jüdischen Blutsauger unterkriechen zu dürfen, den Text *Jude*.

In einem seiner Mundartgedichte paraphrasiert der Franz von Piesenham, wie er oft genannt wird, die stark antisemitisch konnotierte Legende vom ewigen Juden, allerdings mit einer unerwarteten Wendung: *Dá gehát Schuestá (Ahasver)*, jener Schuhmacher also, der, weil er Jesus auf dem Weg zur Kreuzigung verspottet hat, bis zu dessen Wiederkunft ruhelos und unsterblich durch die Lande irren muss, werde nämlich bald einmal doch das Zeitliche segnen: »Dá geháde Schuestá / Findt á nu sein Rue, / Föllt áf d'Nacht ámol hi, / Und bleibt lögn in dá Frue.« Dem lyrischen Ich selbst werde die Nachfolge übertragen, weswegen es schon jetzt zum Eingewöhnen rastlos unterwegs sei.

Stelzhamers Thematisierung seines unsteten Lebens kann man zwar vorhalten, auf die antisemitische Legende zurückzugreifen. Indem er Ahasver aber sterben und das Ich an dessen Stelle treten lässt, entfernt er sich vom archaischen Rachegedanken ewiger Strafverbüßung, wie sie schon die alten Griechen etwa am Beispiel Prometheus vorexerzierten. Damit verblasst in diesen melancholischen Versen aber auch die sonst so oft demonstrativ hervorgekehrte Judenfeindlichkeit ihres Autors.

Hans Schnopfhagen, ein 1845 geborener Lehrer aus dem Mühlviertel und begeisterter Anhänger Stelzhamers, vertonte eine ganze Reihe seiner Gedichte, darunter auch *Dá gehát Schuestá (Ahasver)*. Später wurde diese dem ursprünglichen Stoff gemäße getragene, sentimentale Melodie einem anderen Text unterlegt. *'s Haimatg'sang* erhielt den eingängigeren Titel *Hoamatland* und ist heute die wohl populärste Landeshymne Österreichs. Aus voller Kehle und mit nicht geheuchelter Inbrunst erklingt das Lied bei zahlreichen Gelegenheiten.

Zwar muss die darin zum Ausdruck gebrachte hündische Liebe zum Herrl als Vorbild fürs Gernhaben der Heimat aufgeklärte Menschen befremden, aber die zweite Strophe, hier in einer leichter lesbaren Transkription wiedergegeben, gehört ohne Zweifel zum Besten, zum Poetischsten, was Stelzhamer je geschaffen hat: »Duris Tal bin i gláffen, / Áfn Höchel bin i glegn, / Und dei Sunn hat mi trickát, / Wann mi gnetzt hat dein Regn.«

Doch um den tatsächlichen Text der Hymne geht es weit weniger als um die in Zeiten wie diesen höchst aktuelle Frage, ob ein offizielles Landessymbol Oberösterreichs einen Dichter zum Urheber haben soll, der, wie mehrere

Historikerinnen und Historiker unterstreichen, in der Zeit um 1850, als sich der Antisemitismus hierzulande, lange vor berechnenden, erfolgreichen Zündlern wie Karl Lueger, in vergleichsweise überschaubaren Grenzen hielt, verbale Schrecklichkeiten von originärer Qualität absonderte.

Und es geht um die Frage, ob die über Österreich, ja bis hin nach Bayern verstreuten Stelzhamer-Denkmäler, -Schulen, -Straßen und so weiter gänzlich unangetastet bleiben sollen, ob erläuternde Zusatztafeln ausreichen oder Umbenennungen und demontierte Statuen nötig wären, um eine glaubhafte Distanzierung von der brandgefährlichen Gedankenwelt Franz Stelzhamers zu dokumentieren.

Ich habe schon in den frühen 1990er Jahren zum ersten Mal auf Stelzhamers antisemitische Ausfälle verwiesen. 2002, zu seinem 200. Geburtstag, klammerte man sie in der offiziellen Publikation des Landes, einem an sich informativen Begleitbuch zu einer Ausstellung über den Autor, erneut bewusst aus. Fast zwanzig weitere Jahre sollte es schließlich dauern, bis Oliver Rathkolb und ich einen ersten sichtbaren Erfolg erzielten, allerdings weit entfernt von Oberösterreich: Die prominent vom Bahnhof Wien Mitte wegführende Stelzhamergasse erhielt eine Hinweistafel mit dem Vermerk, dass viele seiner Texte von antisemitischen Stereotypen geprägt sind.

In Oberösterreich mahlten die Mühlen noch langsamer. Es ist nicht lange her, dass der Stelzhamer-Eintrag auf der Website des Landes um einen sehr kurzen Hinweis auf den Judenessay ergänzt wurde. Und Landeshauptmann Thomas Stelzer griff anlässlich der offiziellen Feier zu 70 Jahren Landeshymne im Dezember 2022 erstmals zu einer Formulierung, die in ihrer Zwiespältigkeit das Dilemma auf den

Punkt bringt: Franz Stelzhamers Landeshymne sei ein steter Anstoß, auch die Erinnerung an die Schatten unserer Geschichte lebendig zu halten.

Im Klartext heißt das wohl: Auch für den obersten Repräsentanten Oberösterreichs steht inzwischen fest, dass der Autor des offiziellen Landessymbols durch sein Liebäugeln mit dem Judenmassenmord für die langen Schatten der Geschichte, den mörderischen Wahn des radikalen Antisemitismus steht. Und jedes Absingen von *Hoamatland* hält paradigmatisch die Erinnerung daran wach. Auf diese Weise tragen, will man Stelzers Gedankengang folgen, ausgerechnet Franz Stelzhamer und seine Hymne zur dauerhaften Bewusstseinsbildung in Sachen Bekämpfung von rassistischem Gedankengut bei. Zweifel an dieser spitzfindigen Logik seien gestattet.

Eine entsprechende Bewusstseinsbildung würden eindeutige, bisher vergeblich geforderte Zusatztafeln, etwa zu Füßen der überdimensional ausgefallenen, heroisch gestalteten und prominent platzierten Ganzkörperstelzhamers in Linz und Ried im Innkreis weit eher befördern. In Salzburg will es der Zufall oder die Insensibilität der dafür Verantwortlichen, dass die Stelzhamer-Straße nur wenige Meter von der Synagoge entfernt verläuft. Jeder jüdische Mitmensch, der den Tempel von der Innenstadt her aufsucht, muss es ertragen, zwangsläufig jenen Straßenzug zu passieren, der eine Persönlichkeit ehrt, die DEM Juden einen enthauptungswürdigen Kopf mit Schmarotzerbandwurmrüssel andichtet. Nach neuesten Informationen dürfte allerdings endlich ernsthaft erwogen werden, die Salzburger Stelzhamerstraße umzubenennen.

Trotz zähen Widerstands des Landes und einer ganzen Reihe von Gemeinden Oberösterreichs ist es zivilgesellschaftlichem Engagement mit viel Aufwand gelungen, öffentlichkeitswirksam aufzuzeigen, dass der rabiate Antisemitismus des Landeshymnendichters Franz Stelzhamer ein veritables Problem darstellt und nicht als Kavaliersdelikt bagatellisiert werden darf.

Stärker als bei vergleichbaren Fällen stellt sich in Oberösterreich freilich die Frage nach der Verhältnismäßigkeit, wenn es um Forderungen einer Neuausschreibung der Hymne geht. Schnopfhagens Melodie und Stelzhamers Text sind weiten Teilen der Bevölkerung ans Herz gewachsen. Ihre große Popularität ist ein Faktum. Es ist durchaus denkbar, dass eine Abschaffung der Landeshymne dem wichtigen Anliegen dahinter, nämlich Hass und Hetze gegen einzelne Gruppen entschieden entgegenzutreten, einen Bärendienst erweisen würde. Hass und Hetze könnte damit erst recht Tür und Tor geöffnet werden. Die Fehler von 1952 lassen sich eben nicht mehr ungeschehen machen. Es wäre, wie gesagt, schon viel getan, wenn die zahlreichen Würdigungen der Person Stelzhamers im öffentlichen Raum getilgt bzw. sichtbar kontextualisiert würden.

Kärntner Landeshymne

Dort, wo Tirol an Salzburg grenzt,
des Glockners Eisgefilde glänzt,
wo aus dem Kranz, der es umschließt,
der Leiter reine Quelle fließt,
laut tosend, längs der Berge Rand,
beginnt mein teures Heimatland.

Wo durch der Matten herrlich Grün,
des Draustroms rasche Fluten ziehen,
vom Eisenhut, wo schneebedeckt
sich Nordgaus Alpenkette streckt,
bis zur Karawanken Felsenwand
dehnt sich mein freundlich Heimatland.

Wo von der Alpenluft umweht,
Pomonens schönster Tempel steht,
wo sich durch Ufer reich umblüht
der Lavant Welle rauschend zieht,
im grünen Kleid ein Silberband,
schließt sich mein lieblich Heimatland (Johann Taurer von Gallenstein, 1822)

Wo Mannesmut und Frauentreu
die Heimat sich erstritt aufs neu,
wo man mit Blut die Grenze schrieb
und frei in Not und Tod verblieb,
hell jubelnd klingt's zur Bergeswand:
das ist mein herrlich Heimatland! (Strophe von Agnes Maria Millonig, 1928)

Gerhard Ruiss

»Wo man mit Blut die Grenze schrieb«[1]

Vom Vaterlandslied zum Heimatlied zur Abwehrkampfhymne

Der Text der ihrer Herkunft nach ältesten österreichischen Hymne stammt vom aus der Steiermark kommenden Kärntner Juristen, Verwalter des familiären Gutsbesitzes und Schriftsteller Johann Thaurer von Gallenstein (1779–1840). 1822 veröffentlichte er sein Gedicht *Des Kärntners Vaterland* in der Zeitschrift »für Vaterlandskunde, Belehrung und Unterhaltung« *Carinthia*, 1835 vertonte es der aus Wien stammende und in Wolfsberg angesiedelte Gutsbesitzer und Stegreifkomponist Josef Rainer von Harbach (1804–1870) für eine Abendgesellschaft. Die Aufzeichnung der Komposition erfolgte 1849, neun Jahre nach dem Tod Thaurers. 1911 erklärte die im Jahr zuvor zum »Gedeihen des wirtschaftlichen und kulturellen Geschehens im Land und seiner Menschen«[2] gegründete Kärntner Landsmannschaft das Lied als »Das Glocknerlied ›Dort wo Tirol an Salzburg grenzt‹« ohne die auf das Kaiserhaus zu Zeiten Thaurers Bezug nehmende vierte Strophe zur Kärntner Landeshymne, nach Jahrzehnten, in denen das Gedicht von einem patriotischen Vaterlandslied mit der Schlusswendung in jeder Strophe »mein teures Vaterland« zu einem Heimatlied mit den neuen Schlusswendungen »mein teures Heimatland« wurde.

1930 erhielt die Kärntner Landeshymne bzw. das *Kärntner Heimatlied* eine neue Schlussstrophe, sie stammt von der steirischen Lehrerin und Heimatdichterin mit Kärntner Abstammung Agnes Millonig (1884–1962), die aus der bis dahin die Naturschönheiten des Landes preisenden Kärntner Landeshymne ein Kärntner Abwehrkampflied machte. Zustande kam die Ergänzungsstrophe in Folge eines Wettbewerbs, der von der Kärntner Landsmannschaft im Auftrag der Kärntner Landesregierung zum 10. Jahrestag in Erinnerung an die Kärntner Volksabstimmung ausgeschrieben wurde. Rund 60 Prozent stimmten für den Verbleib Südkärntens bei Österreich, bei einem slowenischsprachigen Bevölkerungsanteil von rund 70 Prozent.

Zu den großen Leistungen, die von der Kärntner Landsmannschaft auf ihrer Website aus ihrer Geschichte angeführt werden, wie u. a. die »Schaffung des Kärntner Anzugs« im selben Jahr, in dem das *Kärntner Heimatlied* von ihr zur Kärntner Landeshymne erklärt wurde, zählt die Durchführung dieses Wettbewerbes zur Ergänzung der Hymne heute nicht mehr, jener wird dort mit keinem Wort erwähnt.[3]

Von Anfang an waren die Gebietsansprüche des Königreichs der Serben, Kroaten und Slowenen (SHS-Staat) und die Abwehr dieser Ansprüche in der Folge der territorialen Neuaufteilung der Grenzgebiete nach der Beendigung des Ersten Weltkriegs durch die Niederlage der österreichisch-ungarischen Donaumonarchie zwischen 1918 und 1920 auch eine Angelegenheit des *Kärntner Heimatliedes* bzw. der Kärntner Landeshymne und verschiedener auf die Situation Bezug nehmender Zusatzstrophen, die vor allem das Deutschtum und den Mythos des »Kärntner Abwehrkampfes« betonten. So verständlich das aus einer Zeit eines

Existenzkampfes heraus auch sein mag, so wenig hält es den Tatsachen stand, dass das heutige Kärnten das Ergebnis der blutigen Verteidigung der deutschsprachigen Bevölkerung Kärntens gegen die serbisch-kroatisch-slowenischen Gebietsansprüche gewesen sein soll.

Es würde das heutige Kärnten nicht geben, hätten nicht die Siegermächte nach dem Ersten und dem Zweiten Weltkrieg die Landesgrenzen garantiert und hätte nicht ein großer Teil der slowenischsprachigen Bevölkerung in Südkärnten für den Verbleib bei Kärnten gestimmt. Und genau davon handelte und handelt die vierte zur Ergänzung herangezogene Strophe des *Kärntner Heimatliedes* nicht: »Wo Mannesmut und Frauentreu / Die Heimat sich erstritt aufs neu, / wo man mit Blut die Grenze schrieb / und deutsch in Not und Tod verblieb; / Helljubelnd klingts zur Bergeswand: / Das ist mein herrlich Heimatland!« Geändert wurde lediglich die Wendung »deutsch in Not und Tod« auf »frei in Not und Tod«, um der slowenischsprachigen Bevölkerung nicht abzustreiten, dass auch sie ihren Anteil am »Kärntner Abwehrkampf« hatte. Ein Mehr an Zugeständnissen für die slowenische Bevölkerungsgruppe in Kärnten, die um die Wende vom 19. auf das 20. Jahrhundert rund ein Viertel der Bevölkerung Kärntens ausmachte, bestand bis zum Staatsvertrag von 1955 mit seiner Festschreibung der Minderheitenrechte nicht.

Nach Medienberichten soll es die Schlusszeile der vierten Strophe gewesen sein, in der von Millonig der Begriff »deutsch«, »das ist mein deutsch(es) Vaterland«, untergebracht wurde[4], was auch wieder nicht stimmen soll[5] und letztlich unerheblich ist, weil es im einen wie im anderen Fall bei der Ergänzungsstrophe darum ging, Kärnten zu einem

»deutschen« und keinem Anliegen seiner slowenischsprachigen Bevölkerung zu machen. Ganz in dieses Bild passt, dass der Kärnten-Bezug Millonigs nach der Auswahl ihres Textes durch die Betonung ihrer Abstammung von Kärntner Eltern in ihrer Biographie noch verdeutlicht werden musste.

Durch ihre Abwehrkampfstrophe überlebte das *Kärntner Heimatlied* die NS-Zeit problemlos, es war sogar das Vorbild für andere Grenzgebiete, auf die der NS-Staat Ansprüche stellte. Genauso fügte sich das *Kärntner Heimatlied* wieder bruchlos in die weiteren Entwicklungen nach 1945 ein. Massivere Infragestellungen erfolgten erst in den beiden letzten Jahrzehnten, einerseits durch das allmähliche Bekanntwerden der NS-Vergangenheit der Dichterin der vierten Strophe und andererseits durch ihren die historischen Tatsachen entstellenden Inhalt.

Die gesetzliche Verankerung des *Kärntner Heimatliedes* als Kärntner Landeshymne, inklusive der 1928 neugetexteten und 1930 eingeführten vierten Strophe, erfolgte 1966.

Agnes Millonig ließ sich nach ihrer Arbeit für die Neugestaltung der Kärntner Landeshymne nicht viel Zeit für ihre Annäherung an den Nationalsozialismus, sie trat nur zwei Monate nach der Machtergreifung Hitlers in Deutschland im März 1933 der »NS-Frauenschaft« bei und wurde illegales Mitglied der NSDAP. Bestätigt ist in den Unterlagen des deutschen Bundesarchivs auch ihre Mitgliedschaft im Nationalsozialistischen Lehrerbund.

Noch 2007 wurde sie für ihr Wirken für Kärnten an ihrem Lebens- und Arbeitsort im steirischen Neumarkt durch das Anbringen einer Gedenktafel an der zum Heimatmuseum gewordenen Volksschule, in der sie unterrichtet hatte, geehrt. Die Würdigung sollte bereits 2006 erfolgen, musste jedoch kurz davor nach der Kritik an ihrer NSDAP-Mitgliedschaft wieder abgesagt werden. Im September 2007 war es dann aber schließlich so weit. Der Neumarkter FPÖ-Bürgermeister Reinhardt Racz erklärte, eine von der Kärntner Landesregierung bestellte Historikerkommission habe die Dichterin mittlerweile als »minder belastet« eingestuft, sie habe nicht gewusst, dass sie als Mitglied der NS-Frauenschaft zur NSDAP gehörte.[6] Es gab jedoch weder diese von der Landesregierung bestellte Historikerkommission noch eine von irgendwem vorgenommene Einstufung der Minderbelastung von Agnes Millonig. Diese Minderbelastung existierte bereits seit dem Nationalsozialistengesetz der Alliierten vom 6. Februar 1947 und umfasste alle NSDAP-Mitglieder, die keine höhere Funktionen innegehabt hatten oder vom NS-Staat ausgezeichnet worden waren. Was es hingegen gab, war eine Fachkommission der Stadt Klagenfurt zur Überprüfung der Klagenfurter Straßen- und Plätzenamen, die im Mai 2007 ihren Schlussbericht vorlegte, in der die NSDAP-Mitgliedschaft Millonigs seit 1933 und ihre deutschnationale Einstellung festgehalten wurden. Auch in diesem Bericht wurde allerdings ihre Gesinnung als eine aus ihren Lebensumständen heraus erklärbare Andienung an die jeweils vorherrschenden Verhältnisse entschuldigt. Damit lässt sich jedoch nicht begründen, warum Millonig bereits zu einer Zeit illegales NSDAP-Mitglied war, wo sie sich eigentlich, wenn es um die ihr von der Klagenfurter Fachkommission konzedierte »bestmögliche Meisterung ihrer Lebensverhältnisse durch Andienung an die jeweils herrschenden Systeme« gegangen wäre, der Vaterländischen Front zuwenden hätte müssen, und nicht der ab 1933 in Österreich verbotenen NSDAP.

Nur eine Mitläuferin war Agnes Millonig ganz sicher nicht, auch wenn anhand des unbekannten Verbleibs ihres Werks und ihres Nachlasses keine umfangreicheren Belege dafür zu finden sind, wie tief sie in nationalsozialistische Belange verstrickt war, dafür sorgt schon ihr erhalten gebliebenes Bekennergedicht *Das heilige »Ja!«* zum Anschluss Österreichs an das Dritte Reich 1938, in dem sie jede Neinstimme zur Eingliederung in den deutschen NS-Staat als »Verbrechen« und »Hochverrat« bezeichnete.[7]

Eine führende Rolle bei der Abwehr der Ansprüche der slowenischen Volksgruppe von Kärnten als Heimat spielte ursprünglich der zur Unterstützung des Verbleibs von Südkärnten bei Kärnten gegründete Kärntner Heimatdienst mit seinem Langzeitobmann Josef Feldner, der sich – spät, aber doch – 50 Jahre nach dem Abschluss des Österreichischen Staatsvertrags, ab 2005 mit der mit dem Zentralverband slowenischer Organisationen gemeinsam eingerichteten Konsensgruppe um den Interessenausgleich zwischen der deutsch- und der slowenischsprachigen Bevölkerung bemüht und Heimat als gemeinsames Anliegen sowohl der deutschsprachigen als auch der slowenischsprachigen Kärntnerinnen und Kärntner versteht. Das machte auch vor der Hymne nicht halt. In seiner Festrede zum 90. Bestandsjahr des Kärntner Heimatdienstes im Jahr 2010 trug Feldner eine ihm gewidmete Ergänzung des Kärntner Liedes um eine Aussöhnungsstrophe vor: »Dort wo man Leid und Unverstand / mit tapfrem Herzen überwand / wo slawisch Blut und deutscher Geist / vereint ein Fleckchen Erde preist, / wo man einander reicht die Hand / das ist mein einig Heimatland.« Diese Festrede schloss er mit der Bitte des von ihm ungenannt bleibenden Überreichers ab: »›Ich wäre glücklich, wenn alle Kärntner, ob Slowenen oder Deutsche, diese Strophe auch annehmen und singen würden.‹«[8] Für Feldner und seinen Autor genügt somit, wenn beide Volksgruppen nichts mehr gegeneinander haben, so wie sie eben sind, slawisch instinktiv und geistreich deutsch. Dass es sich bei solchen Zuordnungen um nationalistisches völkisches Denken handeln könnte, kam den Beteiligten offenbar nicht in den Sinn.

Die Weiterreichung dieser vorgeschlagenen Zusatzstrophe zur Aktualisierung des *Kärntner Heimatliedes* bzw. der Kärntner Landeshymne hat – abgesehen von ihren Stereotypisierungen – zudem denselben grundlegenden Schönheitsfehler, den die meisten dieser die bisherige Hymne nicht antastenden Vorschläge haben: Die Abwehrkampfstrophe soll nicht ersetzt, sie soll mit einer neuen Strophe fortgesetzt werden. Und am wenigsten ist bei solchen Änderungsvorschlägen an eine neue Strophe oder mehrere Strophen in slowenischer Sprache gedacht. Die Einbeziehung des Slowenischen in Hymnenform beschränkt sich somit weiterhin auf die Rosental-, Jauntal-, Gailtal-Hymne *Rož, Podjuna, Zila*[9] des slowenischsprachigen Kärntner Geistlichen und Autors Janko Mikula (1904–1988) und des Kärntner slowenischen Komponisten, Chorleiters und Organisten Pavle Kernjak (1899–1979), die in den letzten Jahren allerdings immer öfter auch bei feierlichen Anlässen außerhalb von nur slowenischsprachigen Zusammenhängen zu hören ist.

Ein jüngster Vorstoß, der beides bewältigen will und als zweite Strophe eine slowenische Strophe einfügt, die als dritte Strophe in Deutsch gesungen wird und der dann die beiden anderen ursprünglichen Strophen des *Kärntner*

Heimatliedes folgen, stammt von Claudia Rosenwirth-Fendre (deutsche Fassung) und Ivana Kampuš (slowenische Fassung). Sie ist unter dem Titel *Kärntner Heimatlied – Koroški himna* seit Anfang April 2024 in der Volksmusikdatenbank der Volksliedarchive in Österreich und Südtirol abrufbar.[10] In dieser Fassung entfällt die vierte Strophe. Wie weit dieser und jeder weitere Vorstoß Erfolg hat, der die Abwehrkampfstrophe weglassen will, und welche Haltung die Landesregierung zur Grundausrichtung dieses neuen Hymnenänderungsvorschlags einnimmt, bleibt abzuwarten. Vorsichtige offizielle Signale zu einer Ergänzungsstrophe gab es, auch zu einer, die auf die slowenische Volksgruppe Bezug nimmt oder/und Gemeinsamkeiten betont. Ob das auch für eine Strophe in slowenischer Sprache gilt, daran hat man – genauso wie an ein Kärntner Heimatlied ohne Abwehrkampfstrophe – offiziell bis jetzt keinen Gedanken verschwendet.

Wie schwer sich Landesregierungen damit tun, Infragestellungen von Hymnen zuzulassen und selbst noch die eindeutigsten Belastungen von Verfassern ihrer Landeshymnen in Begleittexten zu erwähnen oder zu formulieren, zeigt sich am deutlichsten am Beispiel der Kärntner Hymne. Im Webauftritt der Kärntner Landesregierung wird von vornherein auf jede Begleitinformation zur Hymne verzichtet.[11] Es finden sich dort nicht mehr Informationen zur Hymne und über ihre Verfasser als auf der Website der Steirischen Landesregierung, die gleich alle österreichischen Hymnen wiedergibt, allerdings wird dort als Verfasserin der vierten Strophe nicht die steirische Heimatdichterin und Volksschullehrerin Agnes Millonig, sondern eine Maria Millonig angeführt.[12]

Bis jetzt wurde, egal von welcher Seite die Initiative kam, wie u. a. auch vom Langzeitrektor der Alpe Adria Universität in Klagenfurt Oliver Vitouch 2018, allen Versuchen, die vierte Strophe zu ersetzen, eine deutliche Absage erteilt. Von den Ergebnissen seines Wettbewerbs zum Austausch der Abwehrkampfstrophe mit einer Strophe, die »für Offenheit, Toleranz und eine zeitgemäße Identität« stehen sollte, war nie wieder etwas zu hören. Das lag an der durch eine sofort einsetzende politische und mediale Gegenkampagne geringen Beteiligung ebenso als auch an der dafür nicht geeigneten Qualität. Nach diesen Erfahrungen tritt auch Vitouch für eine andere Lösung ein, die im Wesentlichen darin besteht, die vierte Strophe als Mahnmal zu belassen und eine zweisprachige europäische Schlussstrophe neu einzuführen.[13]

Egal aber, auf welche Weise die Initiativen der letzten Jahrzehnte die Kärntner Hymne ändern wollten, in einem waren und sind sich alle Kritikerinnen und Kritiker der vierten Kärntner Heimatliedstrophe und ihrer Verfasserin einig, vielleicht sogar mit denen, die, wie die Kärntner Landsmannschaft, ihre Meriten auf diesem Gebiet heute lieber nicht mehr erwähnen oder, wie die Kärntner Landesregierung, die Geschichte der Hymne weglassen: Die Geschichte Kärntens kann und darf nicht mit einer Abwehrkampfstrophe einer Propagandistin des NS-Staates enden, sie hat sich seither 100 Jahre fortgesetzt und das sollte auch in der Kärntner Landeshymne zum Ausdruck kommen, von der Europaregion Kärnten, Friaul, Julisch Venetien und dem Veneto, zu der Kärnten gehört, bis zu den Gesetzen, mit denen die slowenischen Minderheitenrechte in Kärnten und anderswo in Österreich vom Staatsvertrag aus dem Jahr 1955 bis zum Volksgruppengesetz aus dem Jahr 1976 bis zur Verfassungsbestimmung im Jahr 2000 garantiert werden.

Wie sehr bei der Beibehaltung der vierten Strophe davon abgesehen werden kann, dass ihre Verfasserin eine NS-Propagandistin war, die ein Nein zum NS-Staat als »Hochverrat« wertete, dazu gibt es auf jeden Fall einen größeren Erklärungsbedarf als nur den ihrer familiär schwierigen Lebensumstände. Vielleicht lässt es sich aber auch gar nicht erklären, warum eine solche vor rund 95 Jahren geschriebene bluttriefende Strophe mit vollkommen rückständigen Geschlechter-Rollenbildern einer solchen den Nationalsozialismus »heilig bejahenden« Verfasserin trotz aller mitgeschleppten schwerwiegenden Belastungen weiterhin beibehalten bleiben soll.

SALZBURGER LANDESHYMNE

Land unsrer Väter, lass' jubelnd dich grüßen,
Garten behütet von ew'gem Schnee,
dunkelnden Wäldern träumend zu Füßen
friedliche Dörfer am sonnigen See.
Ob an der Esse die Hämmer sich regen
oder am Pfluge die nervige Hand,
Land unsrer Väter, dir jauchzt es entgegen:
Salzburg, o Salzburg, du Heimatland!

Wie aus des Ringes goldenem Reifen
funkelt der Demant, der Wunderstein,
grüßt aus der Hügel grünendem Streifen
Salzburg, die Feste im Morgenschein.
Und wenn die Glocken den Reigen beginnen
rings von den Türmen vergangener Zeit,
schreitet durch einsamer Straßen-Sinnen
Mozart und seine Unsterblichkeit.

Sollten die Länder der Welt wir durchwallen,
keins kann, o Heimat, dir werden gleich.
Mutter und Wiege bist du nur uns allen,
Salzburg, du Kleinod von Österreich.
Scholle der Väter, hör' an, wir geloben,
treu Dich zu hüten den Kindern als Pfand!
Du, der in ewigen Höhen da droben,
breite die Hände und schirme dies Land!

Ludwig Laher

Sinnende Straßen im Glockenreigen

Die Salzburger Landeshymne und ihre Schöpfer

Im Namen Gottes und unter Anrufung der Gottesmutter und der Landespatrone, wie es in der Präambel heißt, erhält das Bundesland Salzburg 1934 eine neue, ständestaatliche Verfassung. Die Demokratie ist abgeschafft. Zur Feier der Eröffnung des nunmehr obrigkeitlich bestellten Landtags richtet Ernst Sompek die von ihm 1927/28 komponierte Landeshymne *Land unsrer Väter* für das akustische Wahrzeichen der Altstadt, das barocke Glockenspiel auf dem Residenzplatz, ein. Wesentlich mehr öffentliche Aufmerksamkeit wird Professor Sompek sechseinhalb Jahre später für eine weitere Glockenspieladaptierung erregen. Allerdings stammt diese Weise nicht von ihm selbst.

Am 10. Oktober 1941 vermeldet der *Völkische Beobachter*: »Am Donnerstag um 11 Uhr vormittags erklang zum ersten Mal im Salzburger Glockenspiel das Horst-Wessel-Lied. Ein Arbeiter hatte während eines Wehrmachtsurlaubes den Satz für die Glockenmechanik gesteckt, den Professor Ernst Sompek in Salzburg nach der üblichen Singweise beigestellt hatte.« Und das *Salzburger Volksblatt* setzt Sompeks Tat auch gleich sinnreich in Beziehung zum großen Ganzen, nicht zuletzt zum deutschen Angriff auf die Sowjetunion: »Das alte Salzburger Glockenspiel will in der neuen Zeit nicht zurückbleiben (…) und spielt nun auch das Horst-Wessel-Lied. Es klang ja schon so oft vom Residenzplatz auf aus den Reihen der jungen Nation zu den alten Glocken. Am gestrigen Donnerstag nun, es war um 11 Uhr, da gaben sie es zum ersten Mal zurück, in hellem und freudigem Klingen. So, als hätten sie schon die neuen stolzen Erfolgsmeldungen vorausgewußt, die der deutsche Rundfunk wenige Stunden später in einer neuen Sondermeldung von dem Schicksalsmarsche berichten konnte, den Horst Wessel mit seiner SA begonnen hatte und den nun die Kolonnen der deutschen Wehrmacht vollenden…«

Ernst Sompek, 1876 geboren, ein waschechter Salzburger, ist hauptberuflich Lehrer, später Bürger- bzw. Hauptschuldirektor. Sein besonderes Engagement gilt der Salzburger Liedertafel, einem angesehenen Männerchor, dem er fast dreißig Jahre als Chormeister vorsteht. Aus seiner deutschnationalen Gesinnung macht er lebenslang kein Geheimnis. Die ist in seiner Generation auch weit verbreitet. Doch Sompek sympathisiert mit besonders weit rechts stehenden, radikal antisemitischen Kreisen, die später der NSDAP als Aushängeschilder wahrer Kultur dienen werden.

Überschwänglich verehrt er etwa den Juristen Max von Millenkovich, Ministerialrat im Kunstministerium, dann Burgtheaterdirektor und als solcher wegen seiner programmatisch rein germanischen Ausrichtung fünf Monate vor Kriegsende 1918 abgesetzt. Millenkovich, der unter dem Namen Max Morold auch dichtet und von Sompek 1935 vertont wird, betätigt sich ab 1930 als Korrespondent des *Völkischen Beobachters* in Wien und ab 1931 im Vorstand der österreichischen Sektion des üblen, antisemitisch hetzenden Kampfbundes für deutsche Kultur. Ab 1932 NSDAP-Mitglied, werden dem Hitler-Adoranten später hohe Auszeichnungen zuteil, etwa die Goethe-Medaille für Kunst und Wissenschaft.

Eng befreundet ist Sompek mit dem Komponisten Josef Reiter, der, aus Adolf Hitlers Privatschatulle mit monatlichen Geldzuwendungen gefördert, nicht zuletzt wegen seiner Hilfeleistungen bei der Flucht illegaler Nazis aus Österreich 1933 ausgebürgert wird und knapp hinter die Grenze hinüber ins Reich nach Bayerisch-Gmain wechselt. Wes Ungeistes Kind der Schöpfer von Salzburgs Hymne schon zur Zeit ihres Entstehens ist, lässt sich seinem Briefwechsel mit Reiter entnehmen.

Viel erschütternder noch ist allerdings die Tatsache, dass Professor Ernst Sompek regelrecht stolz darauf sein muss, dem *Salzburger Volksblatt* für einen würdigenden Nachruf auf den soeben verstorbenen Freund am 10. Juni 1939 Höhepunkte ihrer umfangreichen Korrespondenz zur Verfügung stellen zu können, die in der Zeitung sogar photographisch reproduziert abgedruckt werden, darunter ein Schreiben Reiters an Sompek aus dem Jahr 1927. Wörtlich heißt es darin: »Wenn ich ein Zauberer wäre, würde ich morgen früh an der Spitze von 200.000 Mann in Wien stehen: mittags wären dann schon alle Ringstraßenbäume mit aufgehenkten Juden und deren Regierungssöldlingen geschmückt und für den Pöbel würde die Prügelstrafe eingeführt. Ja wann! wann! Wann wird sich das deutsche Volk auf sich selbst besinnen und seinen wahren Feinde erkennen? Gott bessere es! Aber bald!«

Ernst Sompek ist also längst Parteigänger der schon damals mit dem Judenmassenmord kokettierenden Nationalsozialisten, als er die Salzburger Landeshymne komponiert. Die gerät schon zur Zeit ihrer Entstehung, freilich aus anderen Gründen, in allerhöchste Kritik, als sogar der Erzbischof prophetisch bemängelt, sie sei zu wenig populär ausgefallen, um recht den Eingang ins Volk zu finden.

Obwohl er als Komponist anerkannt sein will und etwa Hans Deißinger, ein damals ziemlich bekannter Autor und NS-Gesinnungsgenosse, auch Beiträger zum üblen *Bekenntnisbuch österreichischer Dichter*, das 1938 den Anschluss feiert, jedes seiner Poststücke ehrerbietig an »Herrn Direktor Ernst Sompek, Tondichter« adressiert, ist dessen Werkverzeichnis bescheiden und umfasst etwa Variationen über *Kommt ein Vogerl geflogen*, *10 lustige Marterln* für vier Männerstimmen und Klavier, das Lied *Die Reklametafel* oder einen Militärmarsch.

Hans Deißinger ist übrigens Autor des ursprünglich zur Melodie Sompeks vorgesehenen, auf den Anschluss an das Deutsche Reich abzielenden Textes der Landeshymne, der allerdings abgelehnt wurde. Salzburg bezeichnet Deißinger darin als Schicksalszwerg, der auf das Erwachen Kaiser Karls des Großen im Untersberg vertraut, um das Reich zu erzwingen. Die Freiheit würde Salzburg ins Vaterland führen.

Bei den von Juden und anderem volksschädigenden Gesindel gereinigten Salzburger Festspielen 1938 führt Ernst Sompek ebenso den Taktstock wie wenig später anlässlich eines Monumentalkonzerts mit dem Mozarteum-Orchester und 600 Sängern auf dem Braunauer Adolf-Hitler-Platz. Zur Aufführung gelangt dort der symphonische Festmarsch *Ein Volk – ein Reich – ein Führer* aus der Feder seines betagten Freundes Josef Reiter. »Herrgott, das wird einmal ein Musizieren,« jubiliert Sompek in ekstatischer Vorfreude,

»kein ›Effekt‹ und kein Personenkultus – – sondern ein Aufwühlen der tausend Teilnehmer bis zur tiefsten Ergriffenheit in einer tiefernsten Stunde…!!! Eine nationale Weihestunde…«

Selbst wenn er in rein privaten Briefen zum Abschluss humorig die grünen Fluren Salzburgs mit dem Staanahaufen Wien vergleicht und sich erkundigt, ob die Hitze dort erträglich sei, unterfertigt Sompek im Tausendjährigen Reich stramm mit »Heil Hitler!«

Eine direkte NSDAP-Mitgliedschaft Ernst Sompeks lässt sich bis dato nicht nachweisen. Wohl aber ist bestätigt, dass er mit immerhin 62 Lenzen 1938 dem Nationalsozialistischen Lehrerbund beitritt, wofür keinerlei Zwangsverpflichtung besteht, schon gar nicht für einen Schuldirektor im Pensionsalter.

Nach dem desaströsen Ende der einzigartigen Barbarei beteiligt sich der von Gewissensbissen offenbar nicht sonderlich angekränkelte Herr Professor 1946 sofort an einer neuen Hymnenausschreibung. Diesmal möchte Ernst Sompek allen Ernstes Komponist der österreichischen Bundeshymne werden, muss bei rund 1 800 Einreichungen nach glücklich überstandener Vorauswahl jedoch mit dem höchst ehrenvollen fünften Rang vorlieb nehmen.

In seiner Heimatstadt wird ihm zu Ehren, der 1954 stirbt, 1972 ein großer Teil der zentrumsnahen Schwimmschulstraße umbenannt, wiewohl damit aufwendige Adressänderungen verbunden sind. Die wiederum werden von der Politik seit 1980 regelmäßig als unüberwindliches Hindernis ins Treffen geführt, wenn zivilgesellschaftliche Initiativen dafür plädieren, Nazi-Straßen und -Plätze in Salzburg zu beseitigen.

In der Gegenrichtung gilt das Adressargument auch zwei Jahrzehnte nach dem befremdlichen Beschluss einer Sompek-Straße freilich nicht. Um dem prominenten Nationalsozialisten Herbert von Karajan (einen) Platz zu machen, verliert 1991 der zentrale Siegmundsplatz bei der Pferdeschwemme seine Bezeichnung. Das gleichzeitig zum Siegmundstor mutierte Neutor führt noch Mitte 2024 direkt vom Karajan-Platz zur Ernst-Sompek-Straße gleich hinter dem Festspielbezirk auf der Riedenburger Seite des Mönchsbergs.

»Von Sonnen gesegnet, / von Nächten betaut, / von Bergen gehütet / muttertraut, / umsungen von Amseln / zur Frühlingszeit, / ruht aus, liebe Helden, / nach hartem Streit.« Im reißbrettartig angelegten Kommunalfriedhof der Stadt Salzburg laufen aus unterschiedlichsten Richtungen etliche Wege auf ein überdimensionales Kriegerdenkmal zu. »Es rief euch die Scholle, / die Wiege euch war, / da tratet ihr vor / bis zum Opferaltar / und schenktet für uns / euer heiligstes Gut, / im Becher des Todes / euer Heldenblut.« Getränkt in christliche Metaphern, wendet sich ein an dem hoch aufragenden Steinkoloss angebrachtes dreistrophiges Gedicht eindringlich an die Vorbeikommenden: »Halte Einkehr, wer immer / diesen Hügeln sich naht, / denn hier ruft die Heimat: / Sei auch du Mann der Tat! / Ist jeder ein Stück nur / diesen Helden gleich, / dann bau'n wir ein / glückliches Oesterreich!« Wieso die Wehrmachts- und SS-Einheiten, deren hier wie aller Soldaten beider Weltkriege gedacht wird, heldenhaft am Bau eines glücklichen Österreich mitgewirkt haben sollen, verrät das Poem leider nicht.

Man kann seinem Autor, dem kriegsbegeisterten katholischen Priester Anton Pichler allerlei vorhalten, an dem Rätsel, warum die Truppenformationen des Dritten Reiches ein glückliches Österreich schaffen wollen sollten, trifft ihn keine Schuld.

Verantwortlich für den geschichtsvergessenen Unfug ist vielmehr die Stadt Salzburg. Sie ist es, die bald nach dem zweiten großen Völkerringen im 20. Jahrhundert ihr 1929 eröffnetes Kriegerehrenmal kurzerhand adaptiert und so die Gefallenen von 1939 bis 1945 einfach miteinbezieht, ohne sich damit zu beschäftigen, zu welch gefährlicher Textierung sie sich damit bekennt. Die Internetplattform *salzburgwiki* unter der Patronanz der *Salzburger Nachrichten* berichtet noch 2024 von »großen Bronzeplatten mit dem gemütstiefen und sinnreichen Gedicht von Anton Pichler«, die das Ehrenmal zieren würden.

Pichler, wie Sompek ein geborener Salzburger, lebt von 1874 bis 1943. In seinen Lyrikbänden wie *Kampf ums Vaterland* (1916) und *Wenn du ein Liebes drüben hast* (1926) finden sich immer wieder ähnlich verstörende Texte aus seiner Feder wie jener auf dem Kriegerdenkmal. So werden etwa die Gefallenen im Titelgedicht letzteren Buches de facto zu engelsgleichen Begleitern der um sie Trauernden stilisiert. Ihr Sterben sei folglich nicht umsonst gewesen, weiß Pichler. Es gehört schon eine gehörige Portion Klerikerzynismus dazu, dem sinnlosen Tod im Schützengraben den Sinn anzudichten, ab sofort als Schutzengel fungieren zu dürfen.

Am 24. Mai 1928 beschließt der Salzburger Landtag einstimmig, ein gemeinsames Werk des Komponisten Ernst Sompek und des Textdichters Anton Pichler zur

Landeshymne zu erklären. Es trägt den Titel *Land unsrer Väter*. Der schwulstige, an sich belanglose Text mit typischen Hymnen-Versatzstücken wie der für die Kinder als Pfand treu gehüteten, jubelnd gegrüßten Scholle erheitert durch semantisch wie von den Regeln der Grammatik aus betrachtet einigermaßen verunglückte Zeilen. Gröbere Schwierigkeiten macht Ehrenkanonikus Anton Pichler dabei etwa die Übereinstimmung von Subjekt und Prädikat, wie an diesen Beispielen deutlich wird: »Ob an der Esse die Hämmer sich regen / oder am Pfluge die nervige Hand« oder »Und wenn die Glocken den Reigen beginnen / rings von den Türmen vergangener Zeit, / schreitet durch einsamer Straßen-Sinnen / Mozart und seine Unsterblichkeit.«

Ob, angeregt vom Glockenreigen, das Sinnen der einsamen Straßen, auf denen immerhin Mozart und seine Unsterblichkeit symbiotisch bis zum heutigen Tage durch die Altstadt wandelt, nicht wandeln, in Richtung *Horst-Wessel-Lied* oder Landeshymnenmelodie tendiert, wer vermag es mit Bestimmtheit zu sagen, haben wir die komplexen Synapsenverbindungen einsamer Straßengehirne doch noch immer nicht befriedigend nachvollziehen gelernt.

Vielleicht ist ihnen ja auch der schmissige, mit einem blutrünstigen Text versehene Rainermarsch des NSDAP-Mitglieds Hans Schmid im Sinn. Der gilt nämlich vielen Salzburgerinnen und Salzburgern als die eigentliche Landeshymne. Denn der Befund von Erzbischof Ignaz Rieder hat nach wie vor Bestand: Populär ist sie nicht, die offizielle von Pichler und Sompek.

2023 fanden in Salzburg Landtagswahlen statt, in deren Folge eine Koalition aus ÖVP und FPÖ gebildet wurde.

Die Hymneninitiative des Berufsverbandes der österreichischen Autorinnen und Autoren fiel in diese Zeit und stellte auch in Bezug auf Salzburg die Frage, ob das politische Lippenbekenntnis, in einer angespannten, durch Hass und Hetze aufgeheizten Weltlage dem aufkeimenden Antisemitismus und Rechtsextremismus entschlossen entgegentreten zu wollen, nicht zwangsläufig zur Folge haben müsste, offizielle Landessymbole zu problematisieren, die von leidenschaftlichen NSDAP-Parteigängern und/oder rabiaten Antisemiten geschaffen wurden.

Zwar steht außer Zweifel, dass man ein großartig gelungenes künstlerisches Werk nicht verbannen dürfe, nur weil sein Schöpfer einer barbarischen Gedankenwelt anhing, was zum Beispiel auf Richard Wagner zutrifft. Doch warum soll man trotzig darauf beharren, eine völlig beliebige, ja mängeldurchsetzte Hymne etwa im offiziellen Rahmen der alljährlichen, weit über die Grenzen Österreichs hinaus wahrgenommenen Festspieleröffnung zu intonieren, eine Hymne, die noch dazu Herren wie Anton Pichler und Ernst Sompek als Urheber hat?

Die politischen wie medialen Reaktionen auf die Intervention der IG Autorinnen Autoren übertrafen in ihrer Fülle alle Erwartungen. Landeshauptmann Wilfried Haslauer beeilte sich, mitten in den Regierungsverhandlungen klarzustellen, die kaum jemandem geläufige Landeshymne sei »ein unverrückbares Identifikationsymbol für die Bevölkerung.« Eines Sinnes mit seinem Rechtsaußenpartner wollte er sie nach meinen im *STANDARD* ausführlich publizierten Recherchen im Verein mit den Kunstfachleuten der FPÖ vom Landtag flugs gesetzlich schützen lassen, denn 1928 unterblieb eine Veröffentlichung des Beschlusses im

Landesgesetzblatt. Diese Absicht wurde sogar noch in das gemeinsame Regierungsprogramm aufgenommen.

Zur Begründung machten die Freiheitlichen in ihrer Initiative geltend: »Mit ihren melodischen Klängen und den berührenden Texten« – hat die Landeshymne denn mehr als *einen* Text? – »erzeugt sie eine starke emotionale Bindung und weckt Gefühle der Verbundenheit und des Zusammenhalts.« Nach dem mehrheitlichen Beschluss, ein entsprechendes Gesetz auf den Weg zu bringen, konnte FPÖ-Klubobmann Schöppl befriedigt feststellen, die Hymne sei nun vor linken Umtrieben – laut Duden also vor umstürzlerischen Aktivitäten – sicher. Sozialdemokraten, Kommunisten und Grüne hingegen würden versuchen, unsere Hymne schlecht zu machen, konstatierte er.

Um die wohlbegründeten Argumente der Kritiker machte die Salzburger Landesregierung einen weiten Bogen. Alle aufgeworfenen Fragen blieben unbeantwortet. Im Juni 2024 wurde das umstrittene Gesetz dann beschlossen. Immerhin konzedierten die Regierungsparteien nach meiner Expertenladung in den Landtag, was sie mit dem Verweis, die Aufarbeitung sei bereits geschehen und publiziert, zwei Tage zuvor noch strikt abgelehnt hatten: eine genaue Untersuchung der Geschichte der Hymne und ihrer Urheber, die bis zum Sommer 2025 abgeschlossen sein soll. Jene Aufarbeitung, die geltend gemacht wurde, bestand übrigens aus ganzen zwei Zeilen auf der Landeswebsite, die Ernst Sompeks Verstrickungen grob verharmlosten.

Zukünftige Salzburger Sonntagsreden zur NS-Zeit müssen danach bewertet werden, wie seriös die angekündigten Untersuchungen ausfallen, mit denen das Salzburger Landesarchiv und nicht eine unabhängige Historikerkommission betraut wurde. Dass der zweite Schritt vor dem ersten gesetzt wurde, die Hymne also unbedingt gesetzlich verankert werden musste, bevor die Erkenntnisse der offiziellen Aufarbeitung vorliegen, kann nur als rein politisch motivierte Entscheidung verstanden werden.

tIROLER LANDESHYMNE

Zu Mantua in Banden
Der treue Hofer war,
In Mantua zum Tode
Führt ihn der Feinde Schar.
Es blutete der Brüder Herz,
Ganz Deutschland, ach,
In Schmach und Schmerz,
Mit ihm das Land Tirol,
Mit ihm das Land Tirol,
Mit ihm das Land Tirol,
Mit ihm das Land Tirol.

Die Hände auf dem Rücken
Der Sandwirth Hofer ging
Mit ruhig festen Schritten,
Ihm schien der Tod so gering,
Der Tod, den er so manchesmal
Vom Iselberg geschickt ins Tal
Im heil'gen Land Tirol.

Doch als aus Kerkergittern
Im festen Mantua
Die treuen Waffenbrüder
Die Händ' er strecken sah,
Da rief er laut: Gott sei mit euch,
Mit dem verratnen Deutschen Reich,
Und mit dem Land Tirol.

Dem Tambour will der Wirbel
Nicht unterm Schlägel vor,
Als nun der Sandwirth Hofer
Schritt durch das finstre Tor.
Der Sandwirth noch in Banden frei
Dort stand er fest auf der Bastei
Der Mann vom Land Tirol.

Dort soll er niederknien,
Er sprach: das tu' ich nit!
Will sterben, wie ich stehe,
Will sterben, wie ich stritt,
So wie ich steh' auf dieser Schanz,
Es leb mein guter Kaiser Franz,
Mit ihm das Land Tirol!

Und von der Hand die Binde
Nimmt ihm der Korporal,
Und Sandwirth Hofer betet
Alhier zum letzten Mal.
Dann ruft er: nun so trefft mich recht.
Gebt Feuer! – Ach, wie schießt ihr
schlecht!
Ade, mein Land Tirol!

Brigitte Scott

Hoch die Niederlage!

Personenkult als Hymne[1]

Tirol ist anders. Seine Landeshymne besingt weder die Vorzüge des Landes (wie etwa die Salzburger) noch die innige Zugewandtheit der dort Lebenden (wie die oberösterreichische). Das Lied *Zu Mantua in Banden* beschreibt in sechs Strophen die Hinrichtung von Andreas Hofer, des zum Freiheitshelden hochstilisierten Aufständischen, durch die napoleonische Besatzung in Südtirol. Als die Landeshymne 1948 per Gesetz festgelegt wurde, war Hofer schon seit 138 Jahren tot. Da lohnt sich ein Blick darauf, wie er nach all dieser Zeit als Held lebendig geblieben sein konnte.

Der Held

Ein besonderer Umstand trägt in Tirol wohl wesentlich zu dem Aufstand und dem Stolz der Tiroler auf ihre Wehrhaftigkeit bei. Hier wurde die Leibeigenschaft schon 1342 aufgehoben, also wesentlich früher als anderswo im Habsburgerreich, und im Landlibell von 1511 vereinbarte Kaiser Maximilian I. mit den Tiroler Landständen, dass sie nur zur Verteidigung des Landes Tirol einberufen werden konnten und nicht in anderen Kriegszügen des Kaisers dienen mussten. Die Tiroler, und Andreas Hofer im Besonderen, galten als kaisertreu. In der fünften Strophe der

Landeshymne wird der Kaiser (Franz I.) angerufen. Dieser verhielt sich jedoch eher situationselastisch, schickte den Tirolern keine eigenen Truppen zur Unterstützung und machte bereits im Frieden von Pressburg 1805, mit dem er den Krieg zwischen Österreich und Frankreich beendete, erhebliche Zugeständnisse an Napoleon und trat Tirol an die mit Napoleon verbündeten Bayern ab. Der ganze Tiroler Aufstand – vorrangig gegen die bayerische Herrschaft im Zuge der napoleonischen Kriege – kann also als Kollateralschaden der Entscheidungen von Großmächten betrachtet werden. Dennoch gilt Andreas Hofer als Held, der es den Franzosen gezeigt hat. Gerade in Deutschland und England, die beide selbst mit Napoleon im Krieg standen, herrschte großes Interesse am Tiroler Aufstand und seinem Anführer. Schon 1809 (gedruckt 1815) schrieb der romantische Dichter William Wordsworth in England Sonette über Andreas Hofer in Heldenmanier. Diese trugen deutlich zu Hofers Heldenstatus im anglophonen Raum bei. In der ersten Hälfte des 19. Jahrhunderts begeisterten sich vor allem schottische Intellektuelle für Hofer und seinen Aufstand. Das mag wohl an gewissen Gemeinsamkeiten liegen: abgelegenes Bergland und eine als Verrat empfundene Behandlung durch die Regierung des Gesamtreichs in der fernen Hauptstadt. In der britischen Rezeption wurde nämlich der unaufrichtige Umgang des Kaisers mit den Tiroler Aufständischen als Verrat deutlich kritisiert. Die romantisierenden Schilderungen britischer Reisender in den Alpen beförderten das Interesse an einem Besuch Tirols, das vielfach gegenüber der Schweiz positiv hervorgehoben wurde. Ein Verweis auf die »Pilgerstätten« des Hofer-Mythos durfte dabei nicht fehlen. Die wachsende Anzahl ausländischer

Touristen, die in die Alpen kamen, um zu wandern und um die Stätten des Wirkens von Andreas Hofer zu besichtigen, verstärkte auf Tiroler Seite die Präsentation von Hofer als Inbegriff des Tirolertums. Dies auch in Liedern, dazu später mehr.

Der Text der Landeshymne geht auf ein Gedicht des jüdischen Burschenschafters Julius Mosen von 1831 zurück. Für den Sachsen war Hofer ein Kämpfer für die deutsche Sache: Bereits in der ersten Strophe ist die Rede von »ganz Deutschland« und dem »verrat'nen deutschen Reich«, wobei das Land Tirol immer nur mitgenannt wird. Um die deutsche Sache ging es Hofer jedoch nie, waren doch die Bayern seine Hauptgegner. Hier ist die offizielle Tiroler Landeshymne historisch falsch: Weder lag »Ganz Deutschland, ach, in Gram und Schmerz«, noch kämpfte Hofer für das »verrat'ne deutsche Reich«, doch für Mosen passte das in sein deutschnationales Verständnis.

In den nächsten Jahrzehnten nahm der offizielle Heldenstatus von Andreas Hofer in Österreich ab. Metternich verbot das Absingen von Hofer-Liedern, die Oper *Andreas Hofer* von Gustav Albert Lortzing wurde von der Zensur einkassiert. Die abenteuerliche Exhumierung von Hofers Gebeinen 1823 und deren Überstellung nach Innsbruck durch ein paar junge Offiziere der Kaiserjäger brachte ihnen ein Disziplinarverfahren ein. Dann aber gab Kaiser Franz I. der Stimmung im Volk nach und finanzierte 1834 die Errichtung eines Grabmals für Andreas Hofer in der Innsbrucker Hofkirche. Mit dem Aufstieg der Deutschnationalen ab Mitte des 19. Jahrhunderts wurde Andreas Hofer zur Figur des nationalen Widerstandes verklärt. Musikwissenschaftler Kurt Drexel beschreibt es so: »Die Ikone des in

Liebe zu seiner Heimat sich opfernden Tiroler Helden – in offensichtlicher Nähe zum Bild des (…) sich für sein Gottesvolk aufopfernden Jesus Christus – bot die ideale Grundlage für mythisch befrachtetes Liedgut (…)«

Die Verquickung von Wehrhaftigkeit mit (reaktionärer) Religiosität geht zurück auf ein Gelöbnis aus der Zeit der französischen Revolution. »Am 1. Juni 1796 gelobte der Landtagsausschuss auf Antrag des Abtes Sebastian Stöck vom Stift Stams, das Land Tirol dem Schutz des heiligsten Herzen Jesu anzuvertrauen, um den Auswirkungen der französischen Revolution entgegenzutreten und die außerordentliche Hilfe Gottes zu erbitten.« Zu der Zeit besiegt Napoleon die österreichischen Truppen bei Mailand und dringt in Richtung Südtirol vor. Das Gelöbnis wurde in Bozen abgelegt, im Jahr darauf fügten die Tiroler Schützen den anrückenden französischen Truppen empfindliche Verluste zu, konnten sie aber nicht aufhalten. Der Teilerfolg der Tiroler wurde jedoch göttlichem Beistand durch das Herz Jesu zugeschrieben, und seit 1797 wird jährlich am dritten Sonntag nach Pfingsten von den Tiroler Schützen das Herz-Jesu-Fest mit Umzügen gefeiert. Unter bayerischer Herrschaft ab 1805 wurden Herz-Jesu-Feiern verboten, worauf die Schützen 1809 ihr Gelöbnis erst recht wiederholten. Bis heute erneuert die Tiroler Landesregierung jedes Jahr bei einem Landes-Gelöbnis-Gottesdienst zum Herz-Jesu-Fest in der Jesuitenkirche in Innsbruck diesen Schwur.

In der zweiten Hälfte des 19. Jahrhunderts entstanden viele Schützenvereine, der Hofer-Kult boomte, Habsburg nutzte ihn als Vorbild für unbedingte Kaisertreue. Die Einweihung des Hofer-Denkmals am Bergisel 1893 war Kaiser Franz Joseph wichtig genug für einen persönlichen Auftritt.

Am Sockel verkündet eine Inschrift »Für Gott, Kaiser und Vaterland«. 1896 wurde das Riesenrundgemälde, das die Schlacht am Bergisel darstellt, eröffnet. Bei der Hundert-Jahr-Feier 1909 gab es eine große Prozession von Schützen und Musikanten, sogar der Kaiser kam dazu nach Innsbruck. Hofer war der Held, der sich gegen die Franzosen aufgelehnt hatte.

Nach dem Ersten Weltkrieg und der Teilung Tirols wird Hofer gegen den »walschen« Erzfeind mobilisiert. Doch schon 1934, zur 125-Jahr-Feier, sind die Bayern die Feinde des austrofaschistischen Österreich. Nur fünf Jahre später sieht Gauleiter Hofer in seinem Namensvetter ein »Symbol deutscher Kraft und Stärke«. Nach dem Zweiten Weltkrieg wird wieder der heimattreue Hofer hervorgeholt, wobei die Heimat vor allem Tirol ist und 1809 trotz Niederlage der historische Höhepunkt der Tiroler Geschichte. Vielleicht wurde 1948 das *Hofer-Lied* als kleine Spitze gegen die französische Besatzung zur Landeshymne erklärt?

Bei der 150-Jahr-Feier 1959 liegt der Fokus auf der Einheit Tirols. Andreas Hofer steht hier für die Wehrhaftigkeit der Tiroler und für ein Land Tirol in den historischen Grenzen. Das große Trauma des Verlusts von Südtirol und dem Trentino an Italien ist seit 1918 ein Nebenschauplatz der Tiroler Hofer-Verehrung und ein zusätzliches Spezifikum der Landeshymne. Wird hier doch ein Held hochgehalten, der den Großteil seines Lebens und Wirkens in einem Landesteil verbrachte, der bei der Festlegung der Landeshymne seit knapp 30 Jahren nicht mehr zum Territorium des Bundeslandes, ja nicht einmal zum selben Nationalstaat gehörte. 1959 tragen die Schützen bei ihrem Umzug erstmals eine große, stählerne Dornenkrone mit als

Symbol für den Schmerz über die Teilung Tirols. 25 Jahre später, die Verhandlungen zur Autonomie Südtirols sind bereits ziemlich weit gediehen, wiederholen die Schützen trotz diplomatischer Irritationen zwischen Rom und Wien ihren Umzug mit Dornenkrone. Gegen Ende des 20. Jahrhunderts beginnt eine etwas kritischere Betrachtungsweise des Tiroler Helden, Landeshauptmann Günter Platter richtet den Blick weniger auf die Tiroler Vergangenheit als auf die Zukunft, trotzdem ist 2009 die Dornenkrone wieder Teil des Umzugs, diesmal mit roten Rosen als Zeichen der Liebe geringfügig entschärft.

Das Lied

Tirol hat eine Tradition der Selbstdarstellung im Ausland durch die Aufführung von Liedern. Seit den 1820er Jahren zogen »Tiroler Nationalsänger« durch ganz Europa, später auch durch die USA. Diese Gesangsgruppen, vor allem aus dem Zillertal, führten mit großem Erfolg Tirolerlieder auf. In Fantasiekostümen mit alpinem Anstrich sangen sie von den aufrechten, lustigen, treuen Tirolern und garnierten ihre Lieder mit Jodlern. Dabei handelte es sich jedoch nicht um Volkslieder, sondern um »eine bühnenorientierte, unterhaltende Liedgattung, in Einzelfällen aus der alpenländischen Volksliedtradition ableitbar, in anderen Fällen aber als Konstrukt erkennbar, dessen Erfolg – ähnlich wie der des modernen kommerziellen Schlagers – auf der gezielten Verwendung von textlichen und musikalischen Klischees beruhte« (Sandra Hupfauf).

Man muss sich diese in England als »Airs Tyroliens« veröffentlichten Lieder als eine Art »Ethnopop« vorstellen. Die reinen Gesangsgruppen der »Tiroler Nationalsänger«

nahmen ab der Mitte des 19. Jahrhunderts Instrumente dazu, etwa Hackbrett und Zither, und Musikerinnen und Musiker aus Böhmen, der Steiermark und Kärnten, jedoch immer noch als »Tiroler« auftretend. Gerlinde Haid verweist in der *Musikgeschichte Tirols* auf einen langfristig wirksamen Aspekt: »Die Nationalsänger waren nicht nur salonfähig, sondern standen symbolisch für den tirolerischen Heimatstolz (…)« Der Komponist der Tiroler Landeshymne, der Niederösterreicher Leopold Knebelsberger, war ab ca. 1843 in einer solchen Nationalsängergruppe in Deutschland unterwegs, wo er in Leipzig auf das *Andreas-Hofer-Gedicht* stieß. Verfasst hatte es zehn Jahre zuvor Julius Mosen, ein sächsischer Jusstudent jüdischen Glaubens, der in den 1830er Jahren mehrere romantische Heldenlieder und Gedichte veröffentlicht hatte.

Das um 1844 entstandene Lied *Zu Mantua in Banden* erwies sich als das erfolgreichste von Knebelsbergers Kompositionen. Schon wenige Jahre danach gibt es mehrere Neutextierungen, etwa *O du verrat'nes Deutschland (Robert-Blum-Lied)* auf den Tod des Revolutionärs Robert Blum. Anonym wurde das *Andreas-Hofer-Lied* 1858 im *Allgemeinen Deutschen Kommersbuch* erstmals gedruckt. Daraufhin erschien es in vielen Liederbüchern und erfuhr allerhand Bearbeitungen, z. B. als Liedballade mit Klavierbegleitung oder als Trio in Märschen und als *Andreas-Hofer-Ouvertüre* für Blasorchester. Auf die Melodie wurden auch andere Texte gesungen, etwa ein Kampflied der Arbeiterbewegung um 1870. Im Jahr 1907 schuf Arnulf Eldermann auf diese Melodie ein Lied der sozialistischen Arbeiterbewegung, *Dem Morgenrot entgegen,* das in der DDR bis 1989 viel gesungen wurde. Genau diese Version stimmte die SPÖ-Jugend 2004 in Innsbruck bei einer Feier zum Gedenken an die Kämpfe im Februar 1934 an. Davon erfuhr Otto Sarnthein, Landesobmann der Tiroler Schützen, und erstattete Anzeige nach dem Gesetz zum Schutz der Landeshymne. Darin steht nämlich, in krassem Gegensatz zur Rezeptionsgeschichte und musikalischen Praxis des 19. Jahrhunderts: »Text und Melodie des Andreas-Hofer-Liedes bilden ein untrennbares Ganzes. Es ist daher verboten, seinen Text nach einer anderen Melodie und zu seiner Melodie einen anderen Text zu singen.«

Mitglieder der ÖVP witterten einen Skandal, die Grünen stellten daraufhin das Gesetz von 1948 in Frage. Nach hitzigen Debatten im Landtag und medialer Aufregung wurde das Gesetz im November 2004 in einer abgeänderten Fassung neu beschlossen. Der etwas schwammig formulierte Absatz sieht immer noch eine Geldstrafe, aber nicht mehr vierwöchigen Arrest vor für jeden, der »die Landeshymne unter entstellender Veränderung ihres Wortlautes oder ihrer Melodie verwendet«.

Wie verbissen das *Andreas-Hofer-Lied* verteidigt wird, zeigte sich schon 1993, als der damalige Landeshauptmannstellvertreter Hans Tanzer (SPÖ) wegen der deutschnationalen Zeilen eine Aktualisierung der Tiroler Landeshymne anregte. Damit hatte er offenbar patriotische Gefühle verletzt und es folgte eine äußerst hitzige und hasserfüllte Diskussion mit persönlichen Angriffen auf Tanzer. Sein Vorstoß wurde als Frevel interpretiert und kostete ihn die Kandidatur bei der Landtagswahl im darauffolgenden Jahr. Dies obwohl objektivere Stimmen den Text »mit überzeugenden Argumenten als deutschnationale Geschichtsfälschung entlarvten – schließlich hatte Hofer als konservativer, erzkatholischer und kaisertreuer Österreicher auch gegen die Bayern gekämpft und nicht primär als Deutscher gegen die feindliche französische Nation«.

Ebenfalls 1993 hatte die Tiroler Popgruppe Bluatschink für eine ORF-Sendung das Lied *Tirol, starkes Land* eingereicht und darin einige Textzeilen des *Andreas-Hofer-Liedes* umformuliert, allerdings ohne wegen dieser Gesetzesverletzung belangt zu werden:

Zu Mantua in Banden,
da singt a jeder mit,
doch wer schützt heind das Landl
vor'm nuia Feind Transit!

Für eine Veranstaltung des Transitforums Austria am 29. Oktober 2004 warfen sich Bluatschink in die damals aktuelle Debatte um die Landeshymne und produzierten in insgesamt 32 Strophen »die längste je gesungene Version« des *Andreas-Hofer-Liedes.* Darin rechnen sie mit dem Hofer-Mythos und dessen Vermarktung ab, mit Transitverkehr und der toxischen Diskussion um die Landeshymne. Sie entwickeln dabei ihre Kritik direkt aus den im Original übernommenen ersten sechs Strophen weiter und fragen sich, wie Hofer wohl zu den angeprangerten Umständen stehen würde. Im Buch zur Ausstellung *Hofer Wanted* von 2009 zitiert Franz Gratl den Frontmann von Bluatschink, Toni Knittel, so: »Dieses Lied gehört keiner politischen Partei, sondern den Tirolern! Wir wollen auch weiterhin diese Melodie verwenden dürfen, um damit Themen zu transportieren, die mit dem Land Tirol zu tun haben. Wir pochen hier auf unsere künstlerische Freiheit! Wir wollen die Heimatgefühle unserer Tiroler Landsleute nicht verletzen, sondern wir nützen die Bekanntheit dieses Liedes, um durch eine Umtextung die nötige Aufmerksamkeit auf die aktuellen Probleme des Landes zu lenken!« Soweit ich weiß, wurden sie dafür auch nicht juristisch belangt.

Wie es mit der Tiroler Landeshymne weitergeht, bleibt offen. Die Argumente gegen die deutschnationalen Textteile bestehen weiter. Angesichts der spätestens ab 2009 doch etwas kritischeren Betrachtung von Hofer und der Geschehnisse von 1809 erhebt sich die Frage, ob Hofer weiterhin als Inbegriff des Tirolertums angesehen werden kann. Der hohe Bekanntheitsgrad des Liedes, besonders bei den über 40-Jährigen, und die Reaktion der Bevölkerung bei der Gesetzesänderung 2004 (»Ham di nix Wichtigeres zu tuan, als über die Hymne zu streitn«) machen einen neuen Vorstoß in Sachen Landeshymne allerdings unwahrscheinlich.

Postskriptum: Interessant wäre es, zwei inoffizielle Landeshymnen – oft auch anstatt der Landeshymne gesungen – näher zu untersuchen: das innige *Tirol isch lei oans* nach einem Text des beliebten Volksdichters Reimmichl (auch er ein Südtiroler) und das eher martialische *Dem Land Tirol die Treue* von 1955, doch das ist eine andere Geschichte.

VORARLBERGER LANDESHYMNE

Du Ländle, meine teure Heimat, ich singe dir zu Ehr' und Preis;
begrüße deine schönen Alpen, wo Blumen blüh'n so edel weiß,
und golden glühen steile Berge, berauscht von harz'gem Tannenduft.
»O Vorarlberg, will treu dir bleiben, bis mich der liebe Herrgott ruft,
o Vorarlberg will treu dir bleiben, bis mich der liebe Herrgott ruft!«

Du Ländle, meine teure Heimat, wo längst ein rührig Völklein weilt,
wo Vater Rhein, noch jung an Jahren, gar kühn das grüne Tal durcheilt;
hier hält man treu zum Heimatlande und rot-weiß weht es in der Luft.
»O Vorarlberg, will treu dir bleiben, bis mich der liebe Herrgott ruft,
o Vorarlberg, will treu dir bleiben, bis mich der liebe Herrgott ruft!«

Du Ländle, meine teure Heimat, wie könnt' ich je vergessen dein,
es waren doch die schönsten Jahre beim lieben, guten Mütterlein.
Drum muss ich immer wieder kommen, und trennte mich die größte Kluft.
»O Vorarlberg, will treu dir bleiben, bis mich der liebe Herrgott ruft,
o Vorarlberg, will treu dir bleiben, bis mich der liebe Herrgott ruft!«

Walter Fink

»Und trennte mich die größte Kluft«

Vom *Ländle* zu *Oho Vorarlberg*

Alljährlich habe ich Mitleid mit den Wiener Symphonikern. Immer dann, wenn sie Mitte Juli zur Eröffnung der Bregenzer Festspiele im voll besetzten Festspielhaus am Bodensee nach der Bundeshymne die Landeshymne spielen müssen. Eine Hymne, die weder leicht zu spielen, noch leicht zu singen ist. Und so bleiben die Symphoniker mit ihrem Spiel trotz aufliegender Liedtexte – ohnehin nur die erste Strophe, die bei solchen Anlässen üblich ist – fast allein. *s'Ländle, meine Heimat* – so der Titel der Landeshymne – hat den Sprung vom offiziellen Lied in die Herzen der Menschen nicht wirklich geschafft. Das ist anderen Liedern, etwa dem Dialektgedicht *O Hoamatle, o Hoamatle* des Bregenzer Stadtarztes und Heimatdichters Kaspar Hagen (1820–1885), das von Nanni Burger-Seeber (1913–2001) vertont wurde, viel mehr gelungen. Selbst das eher kabarettistische Lied *Oho Vorarlberg* vom späteren Rockstar Reinhold Bilgeri und dem heute bekannten Dichter Michael Köhlmeier wird bei verschiedensten Anlässen von den Menschen häufiger textsicher gesungen.

Schon die ersten zwei Wörter der Landeshymne stimmen manche etwas missmutig. »Du Ländle«, die von Fremden und Einheimischen immer wieder gebrauchte

Verkleinerungsform, kommt nicht wirklich gut an. Denn wir sind ja nicht die einzigen, die ihre Region »Ländle« nennen, das machen die benachbarten Deutschen im Schwabenland ebenso wie die auf der anderen Seite benachbarten Liechtensteiner. Vom Ländle reden die »Sau-Schwoba«, wie sie in Vorarlberg aufgrund ihres häufigen Eindringens zum Schifahren und zu Besuchen auf »ihrem« Hausberg, dem Pfänder über Bregenz und dem Bodensee, genannt werden, von ihrem Land ebenso wie die »Fürstengrüßer«, die Liechtensteiner, die, wenn sie ihrem Fürsten zum Geburtstag zujubeln, »Hey Fürst« rufen.

Ländle hier, Ländle da, Ländle dort. Die Häufung des Diminutivs, der Verkleinerungsform, über die Grenzen hinweg irritiert. Vor allem dann, wenn in Vorarlberg fast alles zum Teil des »Ländle« wird. Es gibt den »Ländle-Apfel«, die »Ländle-Kuh«, die »Ländle-Milch«, den »Ländle-Rahm« (für die Auswärtigen – das ist das Obers oder die Sahne), die »Ländle-Butter«, den »Ländle-Käse«, alles, was auch nur annähernd landwirtschaftlich angehaucht ist, kommt »us m'Ländle«. Und noch vieles andere, das wir nicht als Ländle, sondern gerne als Land sehen würden. Nicht noch kleiner machen, was ohnehin schon klein genug ist. Nicht, dass wir Vorarlberg »too small« finden würden, wie das Hubert Gorbach, Vizekanzler der Republik, nach seinem Abgang einmal gemeint hat, sondern dem Kleinen Respekt zollen, zeigen, dass das Kleine auch groß sein kann.

Auch die Wörter drei, vier und fünf der ersten Strophe lassen bei wörtlicher Auslegung etwas Zwiespältigkeit aufkommen. »Meine teure Heimat« heißt es da nämlich – und das kann man in Vorarlberg tatsächlich wörtlich nehmen. Denn nirgends in Österreich – außer vielleicht in Salzburg zur Festspielzeit oder in Kitzbühel zum Hahnenkammrennen – sind die Preise so außerordentlich wie in Vorarlberg. Und selbst bei den Spitzenreitern kann man zu Festspielzeiten in Bregenz mit fast allem mithalten. Vorarlberg ist tatsächlich eine »teure Heimat«, bei den Mieten, im Gasthaus, im Hotel – wo immer. Und da können die Einkommen leider nicht mithalten. Und so wundert es nicht, dass zum Beispiel viele Lehrer, Menschen in Pflegeberufen oder Ärzte nach ihrer Ausbildung über die nahe Grenze in die Schweiz oder nach Liechtenstein arbeiten gehen, wo sie in etwa das Doppelte oder mehr verdienen. Und da kann die Landesregierung noch so heftig Werbung machen, um Lehrerinnen und Lehrer aus anderen Bundesländern zu holen. In einer großen Aktion sollten beispielsweise Pädagogen aus dem Burgenland mit einer »Umzugsprämie« ins Land gelockt werden. Nicht eine Einzige, nicht ein Einziger ließ sich angesichts des gleichen Einkommens und der doppelten Lebenshaltungskosten ködern. Zu teuer ist eben die Heimat.

Vielleicht sollte man sich aber jetzt doch einmal, bevor man wörtlich jede Zeile zerpflückt, die erste Strophe zu Gemüte führen: »Du Ländle meine teure Heimat, ich singe dir zu Ehr' und Preis; / begrüße deine schönen Alpen wo Blumen blüh'n so edelweiß. / Und golden glühen steile Berge berauscht vom harz'gen Tannenduft. / O Vorarlberg will treu dir bleiben, bis mich der liebe Herrgott ruft.« Gesungen wird der letzte Satz, der für alle drei Strophen gilt, wiederholt.

Zur Landeshymne wurde das Lied *s'Ländle, meine Heimat* mit Landesgesetz vom 10. Mai 1949 (Landesgesetzblatt 21/1949) bestimmt. Man hielt es zudem für nötig, einen zweiten Paragraphen anzufügen, der in Absatz 1 festlegt: »Es ist strafbar, dem Wortlaut der Landeshymne eine andere Singweise oder der Singweise einen anderen Wortlaut zu unterlegen.« Absatz 2 ist bedeutend schwammiger geraten: »Es ist ferner strafbar, die Landeshymne unter Begleitumständen zu singen, welche die ihr gebührende Achtung offensichtlich oder bewußt verletzen.« Obwohl seit 1965 ein Bundesgesetz auch alle Hymnen der Länder schützt, erneuerte das Land Vorarlberg 1995 seine eigenen Strafandrohungen, indem das Gesetz von 1949 ersetzt wurde. Soweit sie geeignet sei, »das Ansehen des Landes zu beeinträchtigen«, ist die Verwendung der Landeshymne unzulässig. Der Strafrahmen wurde mit bis zu 30 000 Schilling festgesetzt.

Text und Melodie wurden von Anton Schmutzer (1864–1936) aus Feldkirch schon 1905 geschrieben. Er ging ursprünglich von einem in der *Landeszeitung* publizierten Gedicht eines unbekannten Autors, *Vorarlbergers Heimweh*, aus. Die Anklänge an die spätere Hymne sind offensichtlich: »Am meisten lieb ich doch auf Erden / mein Heimatland so schön, so klein, / umrahmt ist es von hohen Bergen, / vom Bodensee und auch vom Rhein. / Und über hohen grünen Alpen / der schöne blaue Himmel lacht. / O Vorarlberg, du meine Heimat, / wie oft hab ich an dich gedacht.« Die Heimat, die Berge, die Alpen, das finden wir auch in der ersten Strophe der Landeshymne, der Bodensee und der Rhein werden in späteren Strophen nachgereicht. Anton Schmutzer bediente sich also an dieser Vorlage, schrieb aber einen neuen Text, änderte die ebenfalls vorhandene Melodie nicht allzu grundlegend – und hatte ein neues Heimatlied geschaffen. *Du Ländle, meine teure*

Heimat wurde in das Liederbuch *Der junge Vorarlberger* und vor allem in das Schulliederbuch ab 1911 aufgenommen. 1937 wurde es von der Landesregierung zum »Landeslied« erklärt und hatte damit sozusagen offiziellen Status, nachdem in der zweiten Strophe Bezugnahmen auf Kaiser und Monarchie aus dem Text entfernt worden waren.

Anton Schmutzer war schon durch Geburt stark in das Musikleben Vorarlbergs eingebunden. Sein Vater stammte – wie so viele Musiker des 19. Jahrhunderts – aus Böhmen und war »Regens chori« der Feldkircher Stadtpfarrkirche gewesen. Ursprünglich folgte Anton nicht den Spuren des Vaters, er studierte Jus, doch zog es ihn schon bald zur Musik. Er begann seine Laufbahn als Musiklehrer an der berühmten Stella Matutina (der heutigen Musikhochschule Vorarlberg) und leitete dann wie sein Vater die Kirchenmusik. Er komponierte eine Reihe von Messen, Motetten, Liedern und Märschen.

In den Jahren des Zweiten Weltkriegs, in der Zeit des Nationalsozialismus und der Hitler-Diktatur, verlor Vorarlberg wieder seine Selbständigkeit – schon nach der Schlacht von Austerlitz und dem Frieden von Pressburg kamen Vorarlberg und Tirol 1806 bis 1814 unter bayerische Herrschaft – und wurde Teil des Gaus Tirol-Vorarlberg. In solchen Zeiten bekommen Heimatlieder besondere Bedeutung, da wird die Schönheit der und die Treue zur Heimat heraufbeschworen wie sonst nie. Das galt auch für das »Landeslied« von Anton Schmutzer. Das Singen solcher Lieder – auch das schon erwähnten *O Hoamatle* – wurde in solchen Zeiten fast zu einer Protesthaltung, zu einem Aufbegehren für eine eigene Landesverwaltung, gegen die Verwaltung durch Tirol, die man in Vorarlberg immer als Demütigung verstanden hatte. Natürlich spielte dabei auch die Rückbesinnung auf die Zusammenlegung mit Tirol unter bayerischer Herrschaft eine Rolle, in der zum Beispiel Klöster aufgelöst wurden. Es war in Vorarlberg der Anfang der Trennung von Kirche und Staat, der Versuch, auch hier die Aufklärung durchzusetzen – doch das wurde hierzulande auch im 20. Jahrhundert nicht so gerne gesehen. Man erinnerte sich an das Ende des damals noch als *Landeslied* bezeichneten Liedes: »O Vorarlberg, will treu dir bleiben, bis mich der liebe Herrgott ruft.« Der Herrgott und das Land – das war eins und untrennbar miteinander verbunden. Daran hat sich bis heute nichts verändert.

Gehen wir zur zweiten Strophe, damit der ganze Text erfasst wird, wobei alle Strophen gleich beginnen und gleich enden: »Du Ländle, meine teure Heimat, wo längst ein rührig Völklein weilt, / wo Vater Rhein, noch jung an Jahren, gar kühn das grüne Tal durcheilt; / hier hält man treu zum Heimatlande und rot-weiß weht es durch die Luft. / O Vorarlberg, will treu dir bleiben (…)« Der Mythos vom »rührigen Völklein« ist nicht nur eine Sichtweise früher Zeit, der hat sich bis heute gehalten. Noch immer glauben wohl so manche Vorarlberger, dass sie die fleißigsten, die arbeitsamsten, vielleicht sogar die klügsten Köpfe der Nation sind, eben »ein rührig Völklein«. Und treu sind wir sowieso, auch »zum Heimatlande«, weshalb die Landesfahnen rot-weiß »durch die Luft« wehen. Allerdings: Die wehen schon lange nicht mehr. Aber so lange ist es noch nicht her, dass etwa zur Zeit der Bregenzer Festspiele die Landeshauptstadt durchgehend beflaggt war, mit rot-weiß-roten Fahnen für die Republik, mit schwarz-weißen für die Stadt und mit rot-weißen für das Land. Immerhin: Zu solchem

Anlass kam der Bundespräsident ins Land, und der sollte sehen, dass wir »zum Heimatlande« stehen. Diese Begeisterung hat sich gelegt, damit wohl auch die Begeisterung für die Demokratie. Bei der letzten EU-Wahl im Juni 2024 haben sich gerade noch knapp mehr als die Hälfte, genau 50,4 Prozent, an der Wahl beteiligt.

Die dritte und letzte Strophe: »Du Ländle, meine teure Heimat, wie könnt ich je vergessen dein, / es waren doch die schönsten Jahre beim lieben, guten Mütterlein. / Drum muss ich immer wieder kommen, und trennte mich die größte Kluft. / O Vorarlberg, will treu dir bleiben (…)« Nach so vielen Hinweisen auf die Schönheit des Landes und die heimattreue, fleißige Bevölkerung braucht es zum Abschluss schon noch etwas Pathos. Das »liebe, gute Mütterlein«, zu dem zurückzukehren auch »die größte Kluft« nicht hindern kann, zeugt von der liebenden Zuneigung der Menschen vor dem Arlberg zu allem, was sie umgibt. Das Ländle, die teure Heimat ist der Ruheplatz für Herz und Seele, dort will man sein und dann auch sterben.

Etwas ironischer sehen das jene zwei Barden, die eigentlich Rockmusiker und Dichter sind, Reinhold Bilgeri und Michael Köhlmeier, zumindest sahen sie das so vor ziemlich genau einem halben Jahrhundert. Und inzwischen ist ihr *Oho Vorarlberg* nicht nur in Österreich bekannter als die Landeshymne. Im Refrain nehmen sie die Kleinheit, das Ländle auf die Schippe: »Oho Vorarlberg, bist zwar als Land ein Zwerg, klein aber oho, holladrio.« Aber auch das Heimatland sehen sie in der ersten Strophe schon ziemlich anders: »Dort wo die Wälder sinnlos rauschen, / wo manchmal blühet der Verstand, / wo Hirsche auf den Brunftschrei lauschen / nur dort ist unser Heimatland.«

Im Rahmen der *Show-Chance* 1974 des ORF gewannen Ray & Mick, wie sie sich damals für kurze Zeit nannten, den ersten Platz – und schlagartig wurde das Lied in ganz Österreich ein Hit und als »zweite« Hymne Vorarlbergs gefeiert. In Wirklichkeit wurde es fast die erste, denn gerade von jungen Menschen beherrschen heute sicher mehr diesen Titel als die offizielle Hymne. *Oho Vorarlberg* singt man in der Disko genauso wie am Lagerfeuer.

Köhlmeier/Bilgeri sprechen in Wahrheit die gleichen Themen an wie die Hymne, nur wird eben ironisiert. Ein wunderbares Beispiel liefert die dritte Strophe: »Wir wollen nebenbei erwähnen, / dass es 320.000 Vorarlberger gibt, / und uns kommen fast die Tränen, / weil ein jeder dich so liebt. / Wenn wir dereinst die Äuglein schließen, / ein Glöcklein klingt im Abendrot, / dann sollen keine Tränen fließen, / oh Vorarlberg, pfüat Gott!« Da haben wir ja fast alles wieder, was wir auch im *Ländle, meine teure Heimat* finden – nur eben anders und mit dem Unterschied, dass Vorarlberg heute, ein halbes Jahrhundert später, bereits mehr als 400 000 Einwohnerinnen und Einwohner hat.

Es gibt so manches, über das man sich lustig machen kann, in diesem Vorarlberg, das »zwar als Land ein Zwerg« ist. Aber selbst in der Ironie von Köhlmeier/Bilgeri klingt viel Sympathie für dieses kleine Land, das aber doch so »oho« ist. Und das ist es ja tatsächlich. Viele Menschen sind immer noch stolz auf ihre Heimat, in der inzwischen aber schon fast ein Viertel der Bevölkerung migrantischen Hintergrund hat. Dazu kommen jährlich hunderttausende Touristen zum Schifahren, um in die Berge zu gehen und den Bodensee zu schauen. Hinter dem Arlberg ist da also gar nichts mehr, im Gegenteil: Man ist darauf stolz, dass das Land immer urbaner wird. Was nicht heißt, dass man die Alpen, die Täler und die unglaublich schöne Landschaft nicht liebt. Kurzum: Vorarlberg ist »klein, aber oho«.

Alexia Stuefer

Große Töne

Hymnen und Strafrecht aus österreichischer Sicht[1]

Das Bedürfnis, den Staat und die Verfassung auch strafrechtlich vor Verunglimpfungen zu schützen, entstand in der zweiten Hälfte des 19. Jahrhunderts, als in der k. und k. Monarchie der Kaiser 1862 mit Zustimmung »beider Häuser meines Reichsrathes« neben den bereits bestehenden Strafbestimmungen der »Majestätsbeleidigung« (§ 63 Strafgesetz 1852, RGBl 117/1852, fortan StG) und der »Beleidigung der Mitglieder des kaiserlichen Hauses« (§ 63 StG) den Tatbestand der »Störung der öffentlichen Ordnung« schuf (§ 65 lit a StG in Verbindung mit Art II der StG-Novelle 1862, RGBl. 8/1863). Das Aufreizen »zur Verachtung oder zum Hasse wider die Person des Kaisers, wider den einheitlichen Staatsverband des Kaisertums, wider die Regierung oder die Staatsverwaltung« war von nun an mit »schwerem Kerker bis zu fünf Jahren« bedroht, die Bestimmung blieb bis 1965 in Kraft. § 300 StG stellte »Herabwürdigungen der Verfügungen und Aufwiegelungen gegen Staats- und Gemeinbehörden, gegen einzelne Organe der Regierung, gegen Zeugen und Sachverständige« unter »ein- bis sechsmonatlichen Arrest« und blieb sogar bis zur sogenannten Großen Strafrechtsrechtsreform 1975 in Geltung. Der Wortlaut der Gesetze zielte sichtlich auf den Staat und seine Verfassung, nicht aber seine Teile oder gar auf staatliche Symbole ab. Diesen Umstand empfanden die Regierenden im Jahre 1965 als »wesentliche Lücke« (ErläutRV 650 BlgNR 10. GP 5), wobei auch die akkurate Lektüre der stenografischen Protokolle als deren Grund nicht mehr offenbart, als dass die Abgeordneten die Erweiterung des Straftatbestands »aus Anlass der Ereignisse in Fußach« für erforderlich erachteten (Sten Prot vom 31.3.1965 76. Sitzung 10. GP 4206). Laut abrufbaren außerparlamentarischen Quellen handelt es sich bei der heute weitgehend in Vergessenheit geratenen »Fußach-Affäre« um eine Protestaktion in Vorarlberg im Jahre 1964 rund um die Namensgebung eines (in Fußach erbauten und für den Bodensee vorgesehenen) Schiffs. Nicht »Vorarlberg«, wie von der Landesregierung vor Ort beschlossen, sondern »Karl Renner«, wie der Verkehrsminister in Wien verfügt hatte, sollte das Schiff heißen. Die Tageszeitung *Vorarlberger Nachrichten* sowie Teile der Vorarlberger Bevölkerung lehnten sich gegen dieses Ansinnen auf; in der Folge kam es im Rahmen von Demonstrationen zu Sachbeschädigungen, zur Verletzung von Beamten sowie eben auch zu Verunstaltungen von Fahnen. Die Proteste waren (aus Vorarlberger Sicht) erfolgreich, das heute noch intakte Schiff erhielt doch den erwünschten Namen, die Strafverfahren gegen einzelne Demonstrierende wurden eingestellt, jenes gegen einen Redakteur und den Herausgeber der genannten Zeitung »wegen Aufwiegelung« wenig später vom Bundespräsidenten im Gnadenwege beendet. Dieses Ereignis – im Rückblick durchaus von tagespolitischer Dimension – veranlasste die Gesetzgebung des Jahres 1965, die »staatlichen Symbole«, darunter explizit auch die Bundes- und Landeshymnen, unter Schutz des Strafrechts zu stellen (in § 299a StG, Strafrechtsänderungsgesetz 1965, StRÄG 1965). Vorbilder lagen zu diesem Zeitpunkt insofern vor, als während des Nationalsozialismus, in Österreich somit von 13.3.1938 bis 27.4.1945, die vorgenannten Gesetze zwar weiterhin galten, aber auch neugeschaffene, wie das »Gesetz zum Schutz nationaler Symbole« vom 19.5.1933 (RGBl I/285, in Österreich seit 2.7.1938 in Geltung), das die Verwendung von »nationalen Symbolen« in einer Weise verbot, die »geeignet ist, das Empfinden von der Würde dieser Symbole zu verletzen«, sowie § 134b Strafgesetzbuch (RGBl 70/35), der die »Beschimpfungen der NSdAP« sowie u. a. »ihrer Hoheitszeichen« bei Strafe verbot.

Der historische Rückblick erweist sich damit einmal mehr als aufschluss- und erkenntnisreich: Dass die Gesetzgebung auf kurze, aber gesellschaftlich herausfordernde Episoden – siehe »Fußach-Affäre« – mit der Schaffung von Straftatbeständen reagiert, kann als ungeschriebene Regel der Strafrechtsgesetzgebung der Moderne gelten; ebenso, dass die Tatbestände in Geltung bleiben, obwohl sich Fälle wie die zum Anlass führenden kaum wiederholen. Soweit überblickbar befasste sich der Oberste Gerichtshof (OGH) seit Inkrafttreten nur einmal mit der Bestimmung; ein weiteres, auch öffentlich bekanntes Strafverfahren betraf mehrere Künstler des Wiener Aktionismus. Bevor auf diese beiden Verfahren zurückzukommen ist, lohnt sich ein Blick auf die am 1.1.1975 in Kraft getretene und seither nahezu unverändert in Geltung stehende Bestimmung des § 248 Strafgesetzbuch (StGB, BGBl 60/1974 idF BGBl I 112/2015). Bereits der Wortlaut und Satzbau lassen das Ringen der an der Gesetzgebung beteiligten Personen um die Reichweite der Strafbarkeit nicht nur vermuten, sondern führen es buchstäblich vor Augen:

»Wer auf eine Art, dass die Tat einer breiten Öffentlichkeit bekannt wird, in gehässiger Weise die Republik Österreich oder eines ihrer Bundesländer beschimpft oder verächtlich macht, ist mit Freiheitsstrafe bis zu einem Jahr oder mit Geldstrafe bis zu 720 Tagessätzen zu bestrafen.« (Abs 1)

»Wer in der im Abs 1 bezeichneten Art in gehässiger Weise aus einem öffentlichen Anlass oder bei einer allgemein zugänglichen Veranstaltung gezeigte Fahne der Republik Österreich oder eines ihrer Bundesländer, ein von einer österreichischen Behörde angebrachtes Hoheitszeichen, die Bundeshymne oder eine Landeshymne beschimpft oder verächtlich macht oder sonst herabwürdigt, ist mit Freiheitsstrafe bis zu sechs Monaten oder mit Geldstrafe bis zu 360 Tagessätzen zu bestrafen.« (Abs 2)

Als Tathandlungen kommen im hier interessierenden Zusammenhang Beschimpfen, Verächtlichmachen sowie sonst Herabwürdigen, jeweils der Bundeshymne oder einer Landeshymne, in Betracht. Die Musikstücke sind – mit Ausnahme jenes der Steiermark – gesetzlich verankert, wobei zu Wien festzuhalten ist, dass es gar keine Landeshymne hat. Das von der Gesetzgebung mit den jeweiligen Tatbestandsmerkmalen verbundene Verständnis lässt sich meist den Gesetzesmaterialien entnehmen. Demnach sind Beschimpfungen »grobe Kundgebungen der Missachtung, nach Form und Inhalt besonders verletzende Beleidigungen« (ErläutRV 650 BlgNR 10. GP 6); laut Fachliteratur

(Lit) sind auch in Gesten und Zeichen zum Ausdruck gebrachte Verunglimpfungen strafbar (Sadoghi in Höpfel/Ratz, Wiener Kommentar (^{2}2020) Strafgesetzbuch [2024] § 248 Rz 3). Zum Verständnis der Tatmodalität »verächtlich machen« findet sich in den Gesetzesmaterialien lediglich der Hinweis, wonach »jede Kundgebung [umfasst ist], die die Schutzobjekte der Achtung des Staatsbürgers unwürdig erscheinen lässt« (ErläutRV 650 BlgNR 10. GP 6). Laut Lit muss das Schutzobjekt »durch Werturteil oder Tatsachenbehauptung als der Achtung der Bürger unwert oder unwürdig hingestellt werden« (Huber in Leukauf/Steininger/Huber, StGB4 § 248 Rz 3c). Was unter »sonstiger Herabwürdigung« als weitere Tathandlung zu verstehen ist, lässt das Gesetz offen, auch die Gesetzesmaterialien klären nicht auf, sondern geben bloß Beispiele: »das Zerreißen oder Verbrennen von Fahnen, das Besudeln von Hoheitszeichen, unter Umständen auch deren bloßes Entfernen oder Unkenntlichmachung« (ErläutRV 650 BlgNR 10. GP 6). Die Lit sieht diese Tatbestandsvariante dann als erfüllt an, »wenn die Schutzobjekte anders als durch Beschimpfung oder Verächtlichmachung verunehrt werden« (Sadoghi in Höpfel/Ratz, Wiener Kommentar (^{2}2020) Strafgesetzbuch [2024] § 248 Rz 3). Zu beachten ist an dieser Stelle, dass selbst das Vorliegen von Handlungen der geschilderten Art noch nicht zur Strafbarkeit führt. Das Gesetz fordert eine weitere Eigenschaft, nämlich eine gehässige Art und Weise der Tatbegehung. Die verächtlich gemachte Hymne darf nur dann ins Visier der Strafverfolgung geraten, wenn die Verächtlichmachung mit Gehässigkeit erfolgte. Zur Klärung der Bedeutung dieses Tatbestandsmerkmals ein weiterer Blick in die Gesetzesmaterialien: Nicht die schwer nachweisbare innere Einstellung ist demnach gemeint, sondern auf äußere Umstände ist abzustellen. Gehässigkeit – so die Materialien – zeigt sich »aus der Art und Weise, in der sich die Herabwürdigung nach außen hin kundgibt.« Dementsprechend muss sich der Vorsatz der handelnden Person auch nur darauf beziehen, dass »die Tathandlung den Eindruck der Gehässigkeit« oder »einer feindseligen Einstellung gegen die Republik oder einer ihrer Bundesländer« erweckt (ErläutRV 650 BlgNR 10. GP 6). Aus alledem folgt, dass negative, unpassende Meinungsäußerungen, aber auch verletzende Satire, kränkende Ironie, Karikatur und verunglimpfendes Sich-Lächerlich-Machen von vornherein nicht in diesen Tatbestand fallen sollen.

Angenommen, es liegt eine auf gehässige Art und Weise kundgetane Verächtlichmachung einer Landeshymne vor, tritt die Strafbarkeit weiterhin nicht ein, wenn die Schmähung im privaten Rahmen oder im kleinen Kreis erfolgt. Das Gesetz sieht die Hymnen (sowie die übrigen staatlichen Symbole) erst dann in Gefahr, wenn eine – sämtliche genannten Eigenschaften aufweisende – Verunglimpfung von einer breiten Öffentlichkeit wahrgenommen wird. Veröffentlichungen in Print- oder (breit zugänglichen) Onlinemedien, Radio- und Fernsehausstrahlungen oder Großveranstaltungen (u. a. jeweils große Versammlungen, Großkonzerte, Demonstrationen, Theatervorstellungen), aber auch Plakatierungen im öffentlichen Raum erreichen eine breite Öffentlichkeit. Zu beachten ist aber, dass die Wahrnehmbarkeit nicht ausreicht, sondern die breite Öffentlichkeit die gehässige Schmähung tatsächlich wahrnehmen muss, damit der Tatbestand erfüllt ist. Resümierend ist zu bemerken, dass die Vielzahl der zwingenden

Strafbarkeitsvoraussetzungen davon zeugt, dass die Gesetzgebung das Instrument des Strafrechts als eingriffsintensivste staatliche Reaktionsform mit Bedacht einsetzte sowie mit der weiteren Entscheidung, für Hauptverhandlungen und Urteilsfällung die Geschworenengerichtsbarkeit zuständig zu erklären, eine entsprechende symbolische Bedeutung in der Öffentlichkeit verknüpfte. Dennoch überzeugt der Straftatbestand – jedenfalls soweit er staatliche Symbole, davon insbesondere die hier untersuchten Hymnen, betrifft – in keiner Weise. Den nicht zu übertreffenden Beweis für die Ansicht liefert die Rechtswirklichkeit oder Faktizität: Der Tatbestand spielt im täglichen Leben – auch der Strafjustiz, wie (veröffentliche) Statistiken zeigen – keine Rolle; mit gutem Gewissen darf daher die Vermutung geäußert werden, dass die in Rede stehende Strafbestimmung im individuellen wie kollektiven Gedächtnis selbst in jenem von Juristinnen und Juristen nur marginal vorhanden ist.

Die zuvor erwähnten, nun kurz vorzustellenden Verfahren zeigen überdies, dass die Strafbestimmung einer klaren Abgrenzung zu grundrechtlichen Vorschriften in Verfassungsrang bedarf, nämlich zu der in Art 13 Grundgesetz über die Rechte der Staatsbürger (StGG) und Art 10 der Europäischen Konvention für Menschenrechte (EMRK) geregelten Freiheit der Meinungsäußerung und zu der in Art 17a StGG normierten Freiheit der Kunst. Einer der beiden Fälle betraf den mehrfach vorbestraften Neonazi und Holocaustleugner Gerd Honsik, der 1987 wegen der in seinem Lyrikband mit dem Titel *Lüge, wo ist dein Sieg – Dichtung eines österreichischen Dissidenten* erschienenen zwei Zeilen »Selbst die Hymne des Staates ist bestellt und erlogen« und »Besser als eure Bundeshymne ist jeder Fluch« zu einer

Geldstrafe verurteilt wurde. Der im Rechtsmittelweg angerufene Oberste Gerichtshof (OGH) bestätigte den erstinstanzlichen Schuldspruch (Entscheidung vom 21.1.1988, 13 Os 121/87) und verwarf Honsiks Argument, die Veröffentlichung der Verse sei durch das Grundrecht der künstlerischen Freiheit gerechtfertigt gewesen. Das Höchstgericht beschied ihm in wenigen Absätzen, es reiche nicht aus, sich als »Dichter« zu bezeichnen, vielmehr sei das »ganze Buch infolge seiner vorwiegenden Tendenz nicht als Kunstwerk, sondern als Instrument der politischen Agitation zu beurteilen.« Auch dogmatisch bedauerlich, dass das Höchstgericht in besagter Entscheidung nicht mehr über den Sachverhalt sowie über das »Tatsachenvorbringen der Hauptverhandlung« wissen lässt. Die zitierten Phrasen sind – auch isoliert betrachtet – herabwürdigend; aber liegt das weitere Tatbestandsmerkmal der Gehässigkeit vor? Weiters wäre bei solch abgesonderter Betrachtung zu prüfen gewesen, ob der Urteilsspruch mit dem Grundrecht der Meinungsfreiheit kollidiert, zumal dieses auch verstörende und rechtsextreme »politische Agitation« sowie Meinungsmache schützt. Das Zusammenspiel von Buchtitel und Versen ließe sich aus Sicht der Strafverfolgung vielmehr als Verletzung des Verbotsgesetzes (StGB 13/1945 idF BGBl I 177/2023) argumentieren, mit weit höheren Strafdrohungen.

Das weitere Verfahren trug sich 1968 als Folge einer in einem Hörsaal der Universität Wien durchgeführten und als »Kunst und Revolution« bezeichneten Performance einer Gruppe von Künstlerinnen und Künstlern aus dem Kreis des Wiener Aktionismus zu. Das Geschworenengericht sprach einen Künstler frei, die beiden Künstler Günter Brus und Otto Mühl verurteilte es anklagekonform. Über

Otto Mühl verhängte es eine unbedingte Freiheitsstrafe in der Dauer von vier Wochen wegen »Verächtlichmachung der Bundeshymne«, über Günter Brus sechs Monate unbedingte Haft wegen Verrichtung des Stuhlgangs und gleichzeitigem Singen der Bundeshymne. Ob auch in diesem Verfahren das Grundrecht auf Freiheit der Kunst und/oder der Meinungsäußerung als Rechtfertigungsgrund eingewandt wurde, lässt sich den öffentlich zugänglichen Quellen nicht entnehmen. Die Stimmung im Gerichtssaal lässt sich angesichts der Forderung des Staatsanwaltes, er stelle sich für Brus das 12-Fache der Höchststrafe vor, aber lebensnah erahnen, wie Brus in einem Interview mit der *Wiener Zeitung* am 2.11.2013 berichtete. Das Urteil lautet denn auch auf die besagten sechs Monate Freiheitsstrafe, die Höchststrafe, noch dazu unter verschärften Bedingungen (»verschärftem Kerker«), der sich Brus im Übrigen durch Flucht nach Berlin entzog. Im besagten Interview gab Brus auf die Frage zur Legimitierung der im Hörsaal gesetzten Handlung an: »Im Grunde genommen muss es legitim sein. Niemand sollte die Staatssymbole so sehr verinnerlicht haben, dass man sie sofort mit dem Staat oder Volk an sich assoziiert. Ich sah darin eine Form des übertriebenen Patriotismus.« Diese Aussage ergibt mit den zuvor gewonnenen historischen Einsichten einen gewichtigen Einwand gegen den Straftatbestand und damit auch einen Nachweis für die Richtigkeit und Klugheit der Erkenntnis, wonach die Schaffung mancher Straftatbestände die Straffälligkeit und damit Straffällige geradezu bezweckt. So wird ein souveränes und selbstbewusstes Gemeinwesen – auch verstörende oder gar gehässige – Auseinandersetzungen mit seinen Symbolen ertragen. Denn wie bereits ausgeführt, ist empirisch (durch

Statistiken) erwiesen, dass weder der Staat noch seine Symbole in der vom Tatbestand imaginierten Gefahr sind. Am Beispiel des Bundeslandes Wien lässt sich gar die Sinnhaftigkeit sowie Notwendigkeit von solchen Symbolen infrage stellen, erst recht also deren strafrechtlicher Schutz. Gleichzeitig scheinen geschwächte, unsichere, obrigkeitliche, im Auf- oder Abbau begriffene Staatswesen die Demonstration von Macht und Stärke zu brauchen, auch und insbesondere auf symbolischer Ebene, um sich im Inneren wie im Äußeren zu behaupten. Fazit: Große Töne klingen ohne Strafe schöner! Und souveräner.

ANHANG

Endnoten
Biographien
Danksagungen

Endnoten

Christoph Janacs
Schön bist du, groß und strahlend.
Zu Geschichte und Bedeutung der Hymnen

1 Zitiert nach: Jan Assmann, Ägyptische Hymnen und Gebete. Zürich und München 1975, S. 203f.
2 Vgl. Martin Opitz und seine Schlesische Dichterschule.
3 Zitiert aus: Johann Georg Lughofer (Hg.), Hymnen Österreichs. Interpretationen, Kommentare, Didaktisierungen. Praesens Verlag 2022, S. 94.

Ludwig Laher
Keine Geschwisterlichkeit im Vaterland.
Zur problematischen Textanpassung der Bundeshymne 2012

1 https://www.bundeskanzleramt.gv.at/bundeskanzleramt/geschichte/bundeshymne.html, abgerufen am 18.7.2024.

Gerhard Ruiss
»Nur ein Mann aus dem Volke kann
wirklich das Lied des Volkes schaffen!«
Die Ständestaatshymne des jüngsten Bundeslandes

1 https://www.burgenland.at/fileadmin/user_upload/Downloads/Land_und_Politik/Land/Landeshymne/200_Entstehung_der_Landeshymne.pdf, abgerufen am 1.4.2024.
2 https://www.meinbezirk.at/neusiedl-am-see/c-leute/die-unfassbare-geschichte-zur-landeshymne_a4706819, abgerufen am 24.4.2024.

3 https://www.burgenland.at/fileadmin/user_upload/Downloads/Land_und_Politik/Land/Landeshymne/200_Entstehung_der_Landeshymne.pdf, abgerufen am 24.4.2024.

4 Mate Miloradić, Gedichte – kroatisch-deutsche Ausgabe, im Auftrag des Burgenländischen PEN Clubs, ausgewählt und übersetzt von Ewald Pichler, Edition Rötzer, Eisenstadt 1978. »Hrvat u Gradišću / Hrvat mi je otac« / »Kroate im Burgenland«, 1. und 6. Strophe: Hrvat su moj otac / I Hrvatica mat, / A ja sam njeva krv / I vjerni sin Hrvat! / Za moj hrvatski rod / Ću živit, ću umrit, / Zakriknut ću hura, / Da čuje cijeli svit!
Der Vater ist Kroate, / Kroatin die Mutter mein, / So will – aus ihrem Blute – / Ich stets Kroate sein! / Für mein Kroatenvolk / Will leben ich und sterben. / Da rufe ich Hurra! / Hör'n soll's die ganze Erden!
Gradišće nam je dom / Uz nimški ocean, / Na njem je mjesta dost / Za naš maljacki stan! / Koliko smo, to smo, / Nek mali roj i broj, / Hura, Hrvat i smo, / Hura, k svojemu svoj!
Im Burgenland zu Hause / Neben dem deutschen Ozean. / Auf ihm bleibt Platz genug / Für uns'ren kleinen Kahn! / Sind, was wir uns selber gelten / Eines kleinen Volkes Reih'n. / Hurra, wir sind Kroaten, / So soll es ewig sein!

5 Mate Miloradić, Gedichte – kroatisch-deutsche Ausgabe, im Auftrag des Burgenländischen PEN-Clubs, ausgewählt und übersetzt von Ewald Pichler, Edition Rötzer, Eisenstadt 1978. »Hrvat u Gradišću / Hrvat mi je otac« / »Kroate im Burgenland«, 2. bis 5. Strophe: Poziva me German, / Poziva i Madjar, / Da stupim k njim va roj, / Va tudji kolobar. / To je zlamenja dost, / Da nismo nigdori. / Ne trži se zis tim, / Ča trštva vridno nij!
Buhlt um mich der Deutsche, / Der Madjare wirbt mich an, / Ich sollt' der Ihrige werden, / Fremden Kreisen Untertan! / Beweis ist mir's genug, / Daß man uns achtet, ehrt! / Weil man nicht erhandelt, / Was keines Handels wert!
Ne kupi se Cigan, / Ne kupi se ni Žid! / Hrvata kupte si, / Hrvat je svim profit! / Pridat ću jednu rič: / Ki je Judašević, / Ki vam se kupit da!
Nach Juden und Zigeunern / Trachtet keines Mannes Sinn. / Kroaten sollt' ihr kaufen, / Der Kroat' ist jedem ein Gewinn! / Es sei ein Wort nur Euch gesagt: / An Kehricht hält ihr fest, / Mit dem Judas ihr euch plagt, / Der allein sich kaufen läßt!
Ča sam, to sam: Hrvat, / A Slav mi je rodjak; / Ki neće bit, ča je, / Lažac je i bedak! / Prodat se ja ne dam, / Pozivam sve va roj: / Hura, Hrvati smo, /n Hura, k svojemu svoj!
Kroate bin und bleib ich / Und slawisch ist mein Blut. / Wer, was er ist, nicht sein will, / Zu den Narren zählt, zur Lügenbrut! / Ich laß mich nicht verkaufen / Und ruf euch in die Reih'n: / Hurra, wir sind Kroaten, / So soll es ewig sein!

Va slogi najde moć / I rast će mala stvar; / Nesloga zruši tron, / Narode i oltar! / Ki nam raskala moć / I spŕši mali broj, / Proklet mu budi glas, / Izrod je, smrad i gnjoj!
Nur Einigkeit macht stark, / Es wächset die kleine Schar. / Der Zwist, er stürzet Throne, / Die Völker, den Altar! / Wer uns're Stärke schwächt, / Uns Wenige zu mindern sucht, / Sei Ausgeburt und Mist und Dreck, / Seine Stimme sei verflucht.

6 Felsőeőr himnusza: tartsd meg Isten Felsőőrt a második ezerre! / Boldog-, szabad jövendőt bocsáss árva népünkre; / hogy kiálljuk a vihart, amely környez bennünket, / mert ellenség folytogat, szívja drága vérünket. // óh felséges Istenünk irgalmazz és kegyelmezz! / hogy ne légyen életünk szolgai – és keserves. / ne viseljünk rabigát, tekints kisded népünkre; / áraszd ránk napsugarát – mely tündöklik örökre! (Topler János, Felső-Eőrött, 1947. március 21-én).
Hymne auf Oberwart: Gott behüte Oberwart für das nächste Jahrtausend! / Gib unserem armen Volk eine glückliche, freie Zukunft, / dass wir im Sturm bestehen, der um uns tobt, / während uns der Feind bestürmt und unser teures Blut vergießen lässt. // Oh großer Gott erbarme Dich unser, / Auf dass unser Leben nicht unterdrückt und bitter werde. / bewahre uns vor dem Sklavenjoch, behüte unser geliebtes Volk! / Lass die Sonne auf uns scheinen und auf ewig leuchten! (János Topler, Oberwart, 21. März 1947).

7 Siegmund Kleinl, Das jüngste Land – Eine Burgenland-Trilogie, edition lex liszt 12, Oberwart 2021.

8 Peter Wagner in: Klara Köttner-Benigni (Hg.), Hat Heimat Zukunft? Amt der Burgenländischen Landesregierung, Kulturabteilung, Burgenländische Kulturoffensive, Eisenstadt 1981. Burgenlandhymne: Mein Heimatvolk, mein Heimatland, / dem Arsch der Welt verbunden! / Auf dir ruht manches Mächtigen Hand, / sie hat dich oft geschunden. / Du bist gestählt ganz wie Beton / aus Kirche, Suff und Pendlersfron. / Mach dir nichts draus aus so viel Schand, / du bist ja nur das Burgenland, // Rot-gold, so strömt der Weingeruch / aus deinem Heldenmunde. / Rot ist zwar nur's Parteienbuch / und braun die Heimatkunde. / Doch umso goldner glänzt der Schein, / der heil'gen Technokraten drein. / In Wien bist du gar gut bekannt / – als bess'rer Witz –, mein armes Land! // Mein Heimatvolk, mein Heimatland, / lass dich nicht so verschachern! / Schon liegst du als gar teures Pfand / im Schoß von üblen Machern. / Wohin man sieht, landab, landauf, / feiert Natur den Ausverkauf. / Denn an der langen Lacke Strand / gräbst du nach Geld und baust auf Sand. // Zusatzstrophe: Du Heimat wirst so unverhofft / regiert von Patriarchen. / Man hörte sie schon oft und oft / im Landtag lauthals schnarchen. / Mal wacht dann einer auf und schreit / in seiner satten Eitelkeit: / »Wie liebe ich dies schöne Land!« / und schläft dann weiter unverwandt (...)

Gerhard Ruiss
»Aus dem Bett gesprungen, mit der Muse gerungen und Gnade gefunden«
Die jüngste der österreichischen Hymnen

1 Aus dem Briefwechsel von Franz Karl Ginzkey mit dem nö. Landesinspektionsrat Prof. Karl Jindracek in einem Schreiben Ginzkeys vom 7.10.1955 zu einer nächsten Version seines *Heimatliedes* in Helmut Eberhart, »(...) möge ich diesmal nicht versagen!«. F. K. Ginzkey und die Ursprünge der Niederösterreichischen Landeshymne, in: Heidemarie Bachhofer/Roman Zehetmayer (Hg.), Bericht der Historikerkommission zur Aufarbeitung der Person Franz Karl Ginzkey und des Entstehungszusammenhangs der nö. Landeshymne, nö. Landesarchiv, St. Pölten 2023.
2 Einträge zur Landeshymne auf der Website der nö. Landesregierung: https://www.noe.gv.at/noe/Geschichte-Landeskunde/Landeshymne.html, abgerufen am 1.3.2024.
3 Klemens Renoldner in der Reihe »Zu Recht vergessen – die besten schlechtesten Dichter aller Zeiten«, in: Volltext 4, 2022.
4 Franz Karl Ginzkey, Der Tanz auf einem Bein. Ein Seitensprung ins Wunderliche, Eduard Wancura Verlag, Wien/Stuttgart 1956.
5 Franz Karl Ginzkey, Der Heimatsucher. Ein Leben und eine Sehnsucht, Leopold Stocker Verlag, Graz/Wien 1948.
6 Murray G. Hall, Österreichische Verlagsgeschichte, Bd. 1 und Bd. 2, 1985; http://verlagsgeschichte.murrayhall.com/?page_id=602, abgerufen am 4.3.2024.
7 Wiener Neueste Nachrichten vom 10.4.1938, Tag der NS-Volksabstimmung.
8 https://www.stadt-salzburg.at/ns-projekt/ns-strassennamen/dr-franz-karl-ginzkey, abgerufen am 4.3.2024.
9 Ebda.
10 Gerhard Fuchs, Das mystische Schweigen des deutschen Waldes. Anmerkungen zu Franz Karl Ginzkeys literarischen Texten, in: Heidemarie Bachhofer/Roman Zehetmayer (Hg.), Bericht der Historikerkommission zur Aufarbeitung der Person Franz Karl Ginzkey und des Entstehungszusammenhangs der nö. Landeshymne, nö. Landesarchiv, St. Pölten 2023.
11 Helmut Eberhart, »(...) möge ich diesmal nicht versagen!« F. K. Ginzkey und die Ursprünge der Niederösterreichischen Landeshymne, in: Heidemarie Bachhofer/Roman Zehetmayer (Hg.), Bericht der Historikerkommission zur Aufarbeitung der Person Franz Karl Ginzkey und des Entstehungszusammenhangs der nö. Landeshymne, nö. Landesarchiv, St. Pölten 2023.

Evelyn Schalk
Wenn eine Hymne Grenzen sprengt.
Hundert Jahre steirische Realitätsverweigerung

1 Gerhard Fuchs, Jacob Franz Dirnböck – ein »fortschrittlicher« Hymnendichter? In: Ljurik. Internationale Lyriktage der Germanistik Ljubljana. Hymnen Österreichs. Interpretationen, Kommentare, Didaktisierungen. Bd. 10. Hg. v. Johann Georg Lughofer, Praesens 2022, S. 120.
2 Ebda.
3 Peter Čede/Dieter Fleck, Wissenschaft ist nicht wertfrei – Deutschnationalismus am Institut für Geographie der Universität Graz mit dem Fokus auf Antislowenismus, in: Grazer Schriften der Geographie und Raumforschung, Bd. 51. Essays zur Entwicklung der Grazer Geographie, 2021, S. 57.
4 Vgl. Austria-Forum: »Notabene klingt ›Dachsteinlied‹ ein wenig wie ›Deutschlandlied‹.« https://austria-forum.org/af/Wissenssammlungen/Symbole/Steiermark_-_Landeshymne, abgerufen am 18.7.2024.
5 Hoch vom Dachstein! In: Kikeriki. Humoristisches Volksblatt vom 2.6.1898, Nr. 44, S. 1.
6 Vgl. in Slovenski Narod vom 21.11.1871, S. 1.
7 Vgl.: https://www.derstandard.at/consent/tcf/story/3000000176272/der-gescheitertep, abgerufen am 18.7.2024.
8 Wenzel Sladek, Chor der Bundesführer. In: Arbeiter-Zeitung vom 19.9.1931, S. 4.
9 Vgl. Kikeriki vom 24.6.1917, Nr. 25, S. 4 u. a.
10 Igor Grdina, Med dolžnostjo spomina in razkošjem pozabe. Založba ZRC 2006, S. 131.
11 Erwin Daub, Deutsches Südland wieder frei, in: Werkszeitung der Gebrüder Böhler & Co. A. G. 4. Jg. April–Mai 1941, Nr. 4–5, S. 3.
12 Hoch vom Dachstein bis zum Wendenland. Zur Heimkehr von Untersteier, in: Murtaler Zeitung vom 26. 4.1941, Nr. 17, S. 5.
13 Der Führer in der Steiermark. Stürme der Begeisterung umjubeln den Führer, wo immer er sich zeigt, in: Murtaler Zeitung vom 3. Mai 1941, Nr. 18, S. 2.
14 Vgl. Peter Čede/Dieter Fleck: Wissenschaft ist nicht wertfrei – Deutschnationalismus am Institut für Geographie der Universität Graz mit dem Fokus auf Antislowenismus, in: Grazer Schriften der Geographie und Raumforschung, Bd. 51, Essays zur Entwicklung der Grazer Geographie, 2021, S. 57.
15 Mehr dazu siehe auch: Elisabeth Kargl, Aurélie Le Née, Variations sur les formes. Les sonnets dans le recueil Idyllen d'Ernst Jandl, in: Études Germaniques 2014/2, Nr. 274, vgl. https://www.cairn.info/

revue-etudes-germaniques-2014-2-page-215.htm, abgerufen am 18.7.2024.

16 Siehe auch: https://www.profil.at/oesterreich/oesterreichs-landeshymnen-maennerkult-kriegsverherrlichung-376556, abgerufen am 18.7.2024. Mehr zum Thema außerdem in: Harald Miesbacher, Der Steirer Land – Hoch vom Dachstein an … bis ins Rebenland im Tal der Drav'. Das Dachsteinlied – eine anachronistische Hymne als Politikum? In: Ljurik. Internationale Lyriktage der Germanistik Ljubljana. Hymnen Österreichs. Interpretationen, Kommentare, Didaktisierungen. Bd. 10. Hg. v. Johann Georg Lughofer, Praesens 2022.

17 Vgl. u.a. https://www.eurosport.de/formel-1/gp-von-osterreich/2020/spielberg-black-lives-matter-start-knien-lewis-hamilton_sto7796718/story.shtml, abgerufen am 18.7.2024.

18 https://www.redbullring.com/de/news/austriangp-2023-christian-kolonovits-kreiert-neukomposition-der-bundeshymne/, abgerufen am 18.7.2024.

Gerhard Ruiss
»Wo man mit Blut die Grenze schrieb«
Vom Vaterlandslied zum Heimatlied zur Abwehrkampfhymne

1 https://www.ktn.gv.at/Politik/Landtag/Wissenswertes/Kaerntner-Heimatlied, abgerufen am 18.7.2024.

2 http://www.k-landsmannschaft.at/geschichte.htm, abgerufen am 18.7.2024.

3 Ebda.

4 https://www.kleinezeitung.at/kaernten/4217442/Als-das-Heimatlied-zur-4-Strophe-kam und Janko Ferk, Die umstrittene vierte Strophe, in: Wiener Zeitung vom 5.6.2021.

5 »Wie ›deutsch‹ war das Heimatlied wirklich?« bzw. »Fehler bei Kritik an Hymne«, in: Kronen Zeitung Kärnten vom 26.4.2023.

6 »Haider ehrt umstrittene Dichterin Agnes Millonig«, in: Die Presse vom 20.9.2007. https://www.diepresse.com/331319/haider-ehrt-umstrittene-dichterin-agnes-millonig, abgerufen am 22.4.2024.

7 Agnes Millonig in: Murtaler Zeitung vom 9.4.1938, Judenburg, S. 10: Das heilige »Ja«. // Deutsche Männer! Deutsche Frauen! / Seid bereit! Der Tag ist nah. / Helft die deutsche Einheit bauen! / Geht zur Wahl mit heil'gem »Ja!« // Jedes »Nein« muss den verdammen, Der von Groll und Hass umstellt, / Sich verschließt den Feuerflammen / Einer neuen, lichten Welt. // Jedes »Ja« sinkt auf die Waage / Als ein Schwur in Hitlers Hand. / Jedes »Nein« ist eine Klage / Um Verbrechen, Not und Schand! // Jedes »Ja« ist Dank und Wollen! / Jedes

»Nein« ist Hochverrat / In geschloss'ner Reihe sollen / Alle steh'n zu deutscher Tat! // Unser Führer brach die Schranken / Und zerschlug ein Golgatha! / Dankerfüllt und ohne Wanken / Treu um Treue gebt ein „Ja".

8 https://www.meinbezirk.at/klagenfurt/c-politik/90-jahre-khd-die-festreden-von-sturm-und-felderer_a316961, [abrufbar unter diesem Titel, Name „Feldner" mit „Felderer" im Titel falsch geschrieben] abgerufen am 18.4.2024.

9 Rož, Podjuna, Zila // Rož, Podjuna, Zila, venec treh dolin, // Rož, Podjuna, Zila, / moja domovina, narod moj trpin. // Ti družica moja, dom moj in moj rod, / ko bom truden boja, bodi mi še grob. // Rož, Podjuna, Zila, / nagelj, rožmarin, / v sveti zemlji sniva tvoj slovenski sin.
Rosental, Jauntal, Gailtal // Rosental, Jauntal, Gailtal, Girlande aus drei Tälern, // Rosental, Jauntal, Gailtal, / mein Heimatland, meine leidende, unglückliche Nation. // Du bist mein Freund, Zuhause, von mir und meiner Familie, / wenn ich müde vom Kampf bin, sei auch mein Grab. // Rosental, Jauntal, Gailtal, / Nelke, Rosmarin, / in der Heiligen Erde schläft dein slowenischer Sohn. (Deutsche Übersetzung: Tog Hoath).

10 https://www.volksmusikdatenbank.at, Kärntner Heimatlied – Koroški himna, 2. Strophe: Schön liegst DU da im grünen Kleid. Trägst Frucht zu jeder Jahreszeit. Erinnerung wie Hoffnung blüht, dass keiner Seele Leid geschieht. Land Kärnten, sing dein Lied Hinaus: Friede, dir Mensch in jedem Haus. 3. Strophe: V zelenem si, koroški svet. Vse leto nam deliš dobrot. Sponim kot upanje cveti, nobena duša naj ne trpi. Koroška, pesem to zapoj: mir tebi, človek, v hiši tej.

11 https://www.ktn.gv.at/Politik/Landtag/Wissenswertes/Kaerntner-Heimatlied, abgerufen am 18.4.2024.

12 https://www.verwaltung.steiermark.at/cms/ziel/74834955/DE/, abgerufen am 18.4.2024.

13 Schreiben von Univ.-Prof., Mag., Dr. Vitouch an den Autor vom 20.4.2024.

Brigitte Scott
Hoch die Niederlage!
Personenkult als Hymne

1 Siehe für diesen Beitrag folgende Literatur: Wolfgang Meighörner (Hg.), Hofer Wanted. Begleitband zur gleichnamigen Ausstellung im Tiroler Landesmuseum Ferdinandeum, StudienVerlag 2009; Kurt Drexel, Hofer macht Musik, in: WISO #XIII Heimat, 2023; Kurt Drexel/

Monika Fink (Hg.), Musikgeschichte Tirols, Bd. 2, Universitätsverlag Wagner 2004 (Zitat von Gerlinde Haid: S.732); Sandra Hupfauf, Die Lieder der Geschwister Rainer und »Rainer Family« aus dem Zillertal (1822–1843). Untersuchungen zur Popularisierung von Tiroler Liedern in Deutschland, England und Amerika. Schriften zur musikalischen Ethnologie, Bd. 5. Hg. Thomas Nussbaumer, Universitätsverlag Wagner, 2016; Silvia Maria Erber/Sandra Hupfauf, Lieder der »Freiheit« – Betrachtungen politischer Lieder der Tiroler Geschichte (1796 bis 1848) aus geschichts- und musikwissenschaftlicher Perspektive, in: Marco Bellabarba/Ellinor Forster/Hans Heiss/ Andrea Leopnardi/Brigitte Mazohl (Hg.), Eliten in Tirol zwischen Ancien Régime und Vormärz, Bozen 2010 (Veröffentlichungen des Südtiroler Landesarchivs 31), S. 487–513; Arno Ritter/Benedikt Sauer/Christian Mariacher, Vermessungen. Tirol auf der statistischen Couch. Hg. von aut.architektur und tirol, Innsbruck 2014.

Alexia Stuefer
Große Töne.
Hymnen und Strafrecht aus österreichischer Sicht

1 Siehe für diesen Beitrag folgende Literatur: Birklbauer, Entrümpelung des StGB? In: Juridikum 1/01, S. 29–32; Fabrizy/Michel-Kwapinski/ Oshidari, StGB14 (2022), Komm zu § 248; Huber in: Leukauf/Steininger/Huber, StGB4 (2017), Komm zu § 248; Kunst im öffentlichen Raum GmbH/Kunsthalle Wien/Bettina Leidl/Gerald Matt (Hg.), Wem gehört die Stadt? Wien – Kunst im öffentlichen Raum nach 1968 (2009), S. 26–29; Sadoghi in: Höpfel/Ratz (Hg.), Wiener Kommentar Strafgesetzbuch, [2]2024, Komm zu § 248; Salimi/Tipold in: Salzburger Kommentar zum Strafgesetzbuch (2008), Komm zu § 248; Stuefer in: Pfeffer/Rauter (Hg.), Handbuch Kunstrecht, [2]2020, S. 81–92; Waibel, »Staatliche Symbole« und Meinungsfreiheit, AnwBl 2004, S. 212–215; Wieser, Das Rechtsphänomen Bundeshymne, JBl 1989, S. 468–507.

Biographien

Walter Fink: *1945, Studium der Kunstgeschichte und Germanistik; bis zur Pension Leiter der Kulturabteilung beim ORF Vorarlberg; schreibt bis heute wöchentliche Kulturkommentare in den *Vorarlberger Nachrichten.*

Christoph Janacs: *1955 in Linz, lebt als Autor und Literaturvermittler in Niederalm/Sbg.; schreibt überwiegend Lyrik, Kurzprosa, Erzählungen und Essays; zuletzt erschienen: *die Stille nach dem Doppelpunkt* (Dialoge, Salzburg 2024), *Zeugnistag* (Erzählungen, Salzburg 2023), *Abschweifungen* (Gedichte, Horn 2022), *Über Zufälle, die keine sind* (Essays, Salzburg 2022), *Störung durch Stille* (CD, Salzburg 2022; Musik: Ernst Ludwig Leitner), *Ansichtskarten vom Meer* (Gedichte, Salzburg 2021).

Ludwig Laher: *1955 in Linz, promovierter Anglist und Germanist, lebt als Autor von belletristischer und essayistischer Prosa, Lyrik, Hörspielen und Filmessays in St. Pantaleon/Oö. und Wien. Zuletzt erschienen u. a. *Überführungsstücke* (2016), *Durchgefühlt und ausgesagt. Ausgewählte Werke Ferdinand Sauters* (2017), *Wo nur die Wiege stand* (2019), *Schauplatzwunden* (2020), *Heiter. Bedeckt* (2022).

Gerhard Ruiss: *1951 in Ziersdorf/Niederösterreich, Autor, Musiker, Geschäftsführer der IG Autorinnen Autoren. Lyriker, Nachdichter, Liedtexter und eigener Interpret, u. a. *Gassenhauer,* Lieder nach Oswald von Wolkenstein 2022 und *Iagndwaunn amoi,* Wiener Dialektlieder 2024. Würdigungspreis des Landes Niederösterreich für Literatur 2016, Artmannpreisträger für Lyrik 2020.

Evelyn Schalk: Journalistin, Autorin, Germanistin, Mitherausgeberin des *ausreißer – Die Wandzeitung* und des Blogs *tatsachen.at;* schreibt Reportagen, Kolumnen und Essays für Tageszeitungen und Magazine, veröffentlichte 2018 den etwas anderen Reiseführer *Graz – Abseits der Pfade;* aktuelle literarische Projekte: *nacht.schicht* quer durch Europa sowie *About War – Die Sprache des Krieges.*

Brigitte Scott: *1954 in Salzburg, lebt seit 1999 als Lektorin und Übersetzerin in Tirol; ist als Mitherausgeberin der *Dorfzeitung Inzing* und Redakteurin des *Dorfbuchs* sowie als Gemeinderätin in ihrer Wahlheimat aktiv, hat sich aber den staunenden Blick der Zugezogenen auf Tirol erhalten; Übersetzungen ins Englische u. a. *Ein Garten für das 21. Jahrhundert* und *Die Anden* (beide 2015).

Alexia Stuefer: Juristin, lebt als Strafverteidigerin in Wien; sie ist auch als Universitätslektorin an der rechtswissenschaftlichen Fakultät der Universität Wien (Juridicum) tätig, publiziert regelmäßig in Fachzeitschriften. Zuletzt erschien u. a. *Ästhetik des Strafverfahrens am Beispiel von Normativität und Faktizität der Strafverteidigung,* juridikum 2021, S. 235–246.

Danksagungen

Bund, Oberösterreich, Salzburg Der Autor bedankt sich bei allen Institutionen und Einzelpersonen, die ihn bei der Recherche unterstützten, für ihre Mithilfe.

Burgenland Mit Dank für Hinweise auf Quellen und für Informationen an: Nikola Benecsics, ungarischer Sprachwissenschaftler, Historiker, Pädagoge und Schriftsteller, Eisenstadt; Carmen Prascsaics, Ombudsstelle für Volksgruppen in der Kulturabteilung des Landes Burgenland, Eisenstadt; Petar Tyran, früherer Chefredakteur von *Hrvatske novine/Kroatische Zeitungen,* Wien; Kroatischer Kulturverein im Burgenland/Hrvatsko kulturno društvo u Gradišću, Eisenstadt; Burgenländisch-Ungarischer Kulturverein/Burgenlandi Magyar Kultúregyesület, Oberwart.

Kärnten Mit Dank für Hinweise auf Quellen und auf Informationen an: Heimo Strempfl, Leiter des Musil Literatur Museums, Klagenfurt; Peter Karpf, Leiter des Volksgruppenbüros und der Dokumentationsstelle für Zeitgeschichte, Klagenfurt; Oliver Vitouch, Rektor der Alpe Adria Universität von 2012 bis 2024; Thomas Zeloth, Kärntner Landesarchiv, Klagenfurt; Dokumentationsarchiv des Österreichischen Widerstandes, Wien; Manuel Jug, Vorsitzender des Zentralverbandes slowenischer Organisationen in Kärnten / Zveza Slovenskih Organizacij na Koroškem, Klagenfurt; Ute Holfelder, Dort, wo Tirol an Salzburg grenzt – Die Kärntner Landeshymne und die Herstellung des Dispositivs Kärnten/Koroška, in: Österreichische Zeitschrift für Volkskunde, LXXIII/122 (2), S. 215–239 (2019), abrufbar unter https://diglib.uibk.ac.at/download/pdf/5832940.pdf; Das Bundesarchiv Berlin, Ralf Engel; Janko Ferk, Autor, Jurist, Übersetzer, Klagenfurt.

Tirol Für wertvolle Hinweise und Quellen bedankt sich die Autorin bei Kurt Drexel, Boris Schön, Franz Gratl, Roland Sila und Sonja Ortner.

Vorarlberg Für historische Anmerkungen bedankt sich der Autor bei Meinrad Pichler und bei Annemarie Bösch-Niederer und ihrem Aufsatz »Vom Heimatlied zur Landeshymne« in der Zeitschrift *Montfort,* Heft 1–2, 2004.

Bundesministerium
Kunst, Kultur,
öffentlicher Dienst und Sport

Impressum

Bibliografische Information der Deutschen Nationalbibliothek
Die Deutsche Nationalbibliothek verzeichnet diese Publikation
in der Deutschen Nationalbibliografie; detaillierte bibliografische
Daten sind im Internet über http://dnb.d-nb.de abrufbar.

Lektorat: Markus Weiglein
Covergestaltung: PunktFormStrich, Hans-Christian Kogler
Satz und Produktion: Tanja Kühnel
Druck: FINIDR s.r.o.
gedruckt in der EU

ISBN 978-3-7025-1141-8
www.pustet.at

Wir bemühen uns bei jedem unserer Bücher um eine ressourcenschonende Produktion. Alle unsere Titel werden in Österreich und seinen Nachbarländern gedruckt. Um umweltschädliche Verpackungen zu vermeiden, werden unsere Bücher nicht mehr einzeln in Folie eingeschweißt. Es ist uns ein Anliegen, einen nachhaltigen Beitrag zum Klima- und Umweltschutz zu leisten.